从这里走近春秋

❹ 吴越争霸

刘涌 著

中国纺织出版社有限公司

图书在版编目（CIP）数据

从这里走近春秋. ④，吴越争霸 / 刘涌著. --北京：中国纺织出版社有限公司，2022.11
ISBN 978-7-5180-9774-6

Ⅰ.①从… Ⅱ.①刘… Ⅲ.①中国历史—春秋时代—通俗读物 Ⅳ.①K225.09

中国版本图书馆CIP数据核字（2022）第146357号

责任编辑：张　宏　　责任校对：高　涵　　责任印制：储志伟

中国纺织出版社有限公司出版发行
地址：北京市朝阳区百子湾东里A407号楼　邮政编码：100124
销售电话：010—67004422　传真：010—87155801
http://www.c-textilep.com
中国纺织出版社天猫旗舰店
官方微博 http://weibo.com/2119887771
鸿博睿特（天津）印刷科技有限公司印刷　各地新华书店经销
2022年11月第1版第1次印刷
开本：710×1000　1/16　印张：13
字数：144千字　定价：158.00元（全四册）

凡购本书，如有缺页、倒页、脱页，由本社图书营销中心调换

① 楚国内乱——乱世中的寻常景象 / 001
② 伍奢之死——楚国悲剧的起点 / 011
③ 伍子胥过昭关——缺乏史料的故事 / 015
④ 专诸刺王僚——鱼肠剑之绝唱 / 023
⑤ 要离杀庆忌——《吴越春秋》中的演义桥段 / 031
⑥ 吴越剑文化——中国人的神剑情结 / 039
⑦ 苏州古城——中国最早的风水城 / 045
⑧ 伯嚭入吴——伍子胥的日后隐患 / 048
⑨ 孙武治军——令行禁止的治军之道 / 051
⑩ 柏举之战——春秋战争的巅峰之作 / 055
⑪ 郢都沦陷——前无古人的楚国悲歌 / 068
⑫ 申包胥哭秦庭——楚国的反击 / 073
⑬ 楚国迁都——吴军一骑绝尘的写照 / 079
⑭ 槜李之战——吴越争霸的起点 / 082
⑮ 夫椒之战——越王勾践入吴为奴 / 086
⑯ 狼烟四起——吴国崛起的时代契机 / 089
⑰ 争霸中原——吴王夫差的崛起之路 / 097
⑱ 勾践复仇——真假难分的故事 / 105

001

⑲ 艾陵之战——春秋余晖里的纵横捭阖 / 129

⑳ 黄池会盟——福兮祸之所伏 / 145

㉑ 勾践灭吴——越国背后的影子诸侯 / 157

㉒ 屠戮功臣——越王勾践的阴翳心性 / 164

回望千年之春秋大事年表 / 171

附录 / 183

附录1　赖国考证 / 184

附录2　要离考证 / 185

附录3　孙武考证 / 186

附录4　柏举之战的意义 / 188

附录5　伍子胥掘墓鞭尸考证 / 191

附录6　齐景公逸事 / 192

附录7　春秋中的"百里之地"的意义 / 194

附录8　琅琊东武海中山的传说 / 196

附录9　齐悼公之死 / 197

附录10　笠泽之战的谜团 / 199

附录11　范蠡隐退与西施之死 / 200

01 楚国内乱
——乱世中的寻常景象

楚共王初年，楚大夫申公巫臣一怒为红颜，叛逃到楚国，楚国令尹子重与司马子反屠杀了申公巫臣留在楚国的亲族。

申公巫臣为报复楚国，向晋国国君晋景公提出了联吴制楚的战略，这一战略，成为楚国日后的噩梦。

公元前548年，吴王诸樊在沙场上被楚军射杀，两国的仇怨越结越深。

在楚国将陷入双线作战的不利境地时，晋国中军将赵武主张天下共和，宋国的左师向戌积极推动晋楚和谈。二次弭兵会盟后，楚国压力骤减。然而第二年，楚康王便撒手人寰，他的儿子熊员即位，史称楚郏敖。在此后十多年的时间里，楚国频频发生弑君篡位的事件。

楚郏敖执政的第三年，他任命叔叔公子围担任楚国令尹之位，并主管楚国军政大权。公子围是一个野心家，他一直谋划着篡夺楚王之位。

公元前541年，晋国中军将赵武与楚国令尹公子围召集诸侯在郑国的虢地❶会盟。

晋楚两国争斗百年，彼此之间毫无信任。因此，公子围率楚军出使郑国，巧的是，他此前准备迎娶公孙段的女儿为妻❷，顺道前来迎亲。

---

❶ 虢地是当年东虢国的故地，后被郑国吞并，位于今天河南省郑州市附近。

❷ 公孙段是郑穆公的孙子，同时也是郑国的卿大夫。

当公子围率军抵达郑国国都，准备入城时，郑国群臣担心公子围趁机侵袭郑国，便派人婉拒对方。楚军只能在城外安营扎寨。

随后，公子围又以迎亲为借口，要求率众人入城迎亲，结果再次遭到拒绝。伍举知道郑人已经有了忌惮之心。为了让郑人放宽心，伍举提议，楚军会把箭囊倒悬，然后再入城。

箭囊倒悬，表示里面没有暗藏兵器。伍举这样做是为了让郑国君臣放宽心。郑国同意后，公子围顺利迎亲，随后他直奔虢地，参与会盟。

可是公子围在会盟中，衣着华丽，与国君别无二致。❶

在封建社会，服饰和礼仪有着严格的等级区分，后世"黄袍加身"❷一词，便是对此最好的写照。

参与会盟的卿大夫对此议论纷纷，猜测公子围有篡位之心。

会盟结束后，公子围又宴请赵武相聚。赵武赴宴后，更加笃定公子围将会篡位。晋、楚两国敌对多年，眼见楚国将会发生内乱，赵武则乐见其成。

公子围会楚国后，便谋划篡位之事，他派公子黑肱、伯州犁两人北上在郑国边境修筑犨、栎、郏三座城池❸。

郑国群臣以为楚军在边境筑城，是入侵郑国的前兆。郑国大夫子产说，这三座城池相距千里，公子围准备篡位，他这样做，是想先除掉公子

---

❶《左传·昭公元年》："楚公子美矣，君哉！"
❷《宋史·太祖本纪》："诸校露刃列于庭曰：'诸军无主，愿策太尉为天子。'未及对，有以黄衣加太祖身，众皆罗拜呼万岁。""黄袍加身"一词，始于赵匡胤陈桥兵变。
❸ 三地原本是郑国的城邑，此时已经属于楚国。分别位于河南省平顶山市叶县以西，驻马店市新蔡县以北，三门峡市西北。

黑肱和伯州犁，诸位放心。

同年冬天，公子围和伍举再次出使郑国。二人还没走出国境，便收到了楚郏敖病重的消息。公子围立刻改变行程，他让伍举独自出使，自己先回郢都。

十一月初四，公子围借探病为由，进入宫中。公子围趁机用长缨勒死楚郏敖，并且杀了他的两个儿子。紧接着，公子围又将远在郏地的伯州犁杀死，并且将楚郏敖葬在郏地，这便是楚郏敖中"郏"字的由来。

楚国的祖庙在郢都，可是公子围却将楚郏敖葬在千里之外的郏地，相当于公子围将他从宗谱中除名。自从楚国称王后，历代楚王的谥号都为楚"某"王，仅有两人没被安葬在祖庙内，楚郏敖便是其中之一，所以史书将其下葬地点作为他们的谥号。

公子围弑君篡位后，自立为楚王，史称楚灵王。楚灵王派人前往郑国发送讣告，伍举问使者："讣告中是如何称呼楚国新君的？"

使者回答说："楚国新君是令尹公子围。"

伍举摇摇头，更正说："不对，是楚共王的长子公子围继承国君之位。"

伍举这样说，无疑是在帮助楚灵王掩盖弑君罪行。所谓君臣有别，如果公子围的身份是楚国令尹，只有一种可能会让他成为楚王，那便是他弑君篡位。如果他的身份是楚共王的长子，不知内情的人会以为这是楚国正常的权力交替。

值得注意的是，伍举的说辞依然有漏洞。公子围并不是楚共王的长子，而是次子。至于这背后的隐情，唯有留与后人说。

总之，楚灵王与伍举的关系十分密切，或许这是伍家能成为楚国权贵的原因之一。

楚灵王执政后第三年，便开始大肆用兵，他召集陈、蔡、郑、许、宋等诸侯前来楚国申县会盟，同年秋天，楚灵王兵分两路，他派大夫屈申率领诸侯联军攻打吴国，自己则率另一支军队攻打赖国考证参见附录1。两路征伐大军双双告捷，屈申攻克吴国的朱方❶，而楚灵王也将赖国灭亡。

同年冬天，吴国为了报复朱方之仇，出兵伐楚。此后两年，吴楚之间征伐不断，楚灵王逐渐将征伐的重心转移到江淮地区的徐国以及东南地区的吴国。

不过楚灵王是一个薄情寡义的国君，屈申伐吴有功，楚灵王却以屈申与吴国暗中往来为由，将他杀死。

此外，在楚军东征之时，时任蔡国国君屡次出兵相助，可是公元前531年，楚灵王却以蔡灵侯弑君为借口，想突然对对方下手。

蔡灵侯在十二年前弑君篡位，楚灵王忽然翻出陈年旧账，可谓欲加之罪何患无辞。最终，楚灵王将蔡灵侯诱骗到申城，设宴款待他，席间楚灵王将对方灌醉并杀死。

同年十一月，楚灵王命公子弃疾率兵灭蔡。蔡国就此灭亡，楚灵王丝毫不念旧情，他甚至将蔡国太子杀了祭祀。随后，楚灵王任命公子弃疾为蔡公，让对方管理蔡国故地。

许多年前，楚共王将祭祀的玉璧埋在祖庙的院中，他让楚灵王等五兄弟前去祭拜，当时年幼的小儿子被人抱入院中，他祭拜了两次，都压住了埋藏玉璧的地方，这个小儿子，便是公子弃疾。

命运仿佛与楚国开了一个玩笑，公子弃疾成为蔡公的第二年，楚国开

---

❶ 吴国地名，今地不详，应在江苏省镇江市丹徒区附近。

始发生内乱。

公元前530年冬天，楚灵王前往州来❶田猎。因为楚国不断向东扩张，徐国和吴国便结成盟友，对抗楚国。此时楚灵王又一次派大军兵困徐国，以威胁吴国。

州来与徐国两地相距数百里，楚灵王不在国都，又远离楚军主力，这无疑会让他身陷险地。

楚灵王平时嚣张跋扈，得罪了很多人。史书记载，他身为令尹时，曾经杀死大司马蒍掩，并夺取了对方的家产。他即位后，又夺取蒍掩的族人蒍居的土地，也曾夺走斗穀於菟的后代斗韦龟的封邑，并将斗氏子嗣赶出楚国的郢都；楚灵王将许国迁徙到楚国边境时，他扣留了许国大夫许围做人质；楚灵王在申地会盟时，还曾羞辱过越国大夫常寿过。

楚灵王出征前，派蔡洧留守郢都。可是蔡洧的父亲不久前死于楚国灭蔡的战争中。蔡洧表面上对楚灵王百般讨好，取得了楚灵王的信任，暗地里却时刻不忘杀父之仇。

蒍氏众人趁楚灵王外出时，联合斗氏、许围等人与守城将领蔡洧勾结，众人合谋诱使越国大夫常寿过叛乱。很快，叛军包围了楚国边境的固城，并攻克息舟，在息舟❷修筑城墙据守。

这场看似声势浩大的叛乱，只是楚国内乱的前奏，一场更大的风暴，很快从蔡国故地席卷而来。公子弃疾便是这场风暴的中心，而幕后的推手，则是一个不知名的小人物，他的名字叫作观从。

---

❶ 今安徽省淮南市凤台县。
❷ 固城、息舟在楚国境内，今地不可考。

观从的父亲观起原本是楚国前令尹的属臣，后来被楚康王以车裂之刑杀死，死状非常惨烈。观从则流亡到蔡国避难。数十年的光阴，不曾浇灭观从的仇恨之火，当楚国局势如一团乱麻时，他趁机又添了一把火。观从找到蔡国的旧臣朝吴说："现在楚国内外交困，正是蔡国复国的好机会。"

朝吴心系蔡国，忍不住反问道："先生想要怎样做呢？"

观从说："您现在侍奉蔡公，帮我稳住他，我想办法逼他响应叛乱。"

两人谋划后，观从以公子弃疾的名义，命令对方的两个哥哥公子比和公子黑肱前往蔡邑❶。二人抵达后，观从才告知对方真相，并逼着二人与自己结盟。

公子弃疾正在吃饭，他看见两个哥哥从门外走来，吓得落荒而逃。观从让两位楚国公子写好盟书交给自己，就请他二人赶紧离开，千万不能被人发现。

因为接下来观从要说一句谎话，他对外宣布说："蔡公（公子弃疾）召回了两位哥哥，并将二人送回楚国，准备争夺楚王之位。"

这时候，如果二位公子还滞留在蔡邑，观从的谎话无疑会被揭穿。

蔡邑的守军听说有叛乱，他们纷纷聚集起来，想要杀死观从。观从临危不乱辩解说："现在二位公子已经回国，并组织好了军队，你们杀了我也没有用。如今蔡公已经和对方结盟，如果二位公子夺位失败，一定会牵连到蔡公。"

朝吴身为蔡国的旧臣，在蔡邑很有名望，他也出面说："诸位，如果你们想效忠楚王，那会背叛蔡公。如果你们想日后荣华富贵，那应该支持

---

❶ 蔡国灭亡后，楚灵王将蔡国的土地改为蔡邑。

01 楚国内乱——乱世中的寻常景象

蔡公,只要二位公子夺位成功,蔡公一定会飞黄腾达,诸位跟随蔡公,自然会水涨船高。"

天下攘攘,皆为利往。观从和朝吴将利害关系点破,众人立刻明白了孰轻孰重。况且楚灵王恶名在外,即使他们杀了观从和蔡公,也未必会有好下场。蔡邑的守军很快支持蔡公夺位。

大势已定,蔡公在邓地与两位哥哥盟誓,并且以复国为条件,向陈、蔡故国的豪门贵族许诺,从而得到了陈、蔡两地的地方势力。很快,楚国公子比、公子黑肱以及公子弃疾三兄弟率领陈、蔡、许、叶等地的武装力量,他们依靠郢都蒍氏、斗氏、蔡洧等叛党的帮助,迅速抵达郢都城外,并派人杀死了楚灵王留在郢都内的两个儿子。

叛乱成功后,公子比自立为楚王,公子黑肱担任令尹之位,公子弃疾担任大司马一职。叛军马不停蹄,直扑楚灵王的栖身之处。

观从前往楚军中,通知叛乱的消息,并告知将士们,先回郢都的人,将保留爵位待遇,后回去的将受到劓刑❶。

楚军顿时人心惶惶,众人纷纷逃窜,很快溃不成军。

楚灵王听到叛乱,以及两个儿子被人杀死的消息,惊得从车上跌落在地,他问随从:"别人和我一样疼爱儿子吗?"

随从不明所以,却暗中讽刺楚灵王,他回答说:"小人比您更爱自己的儿子,可惜小人年老无子,将来会死于非命。"

如今楚灵王和他一样,也没有儿子了,随从言外之意,在暗讽楚灵王会死于非命。

---

❶ 将鼻子割掉的刑罚。

或许是人之将死，其言也善。楚灵王没有责罚随从，而是感慨万千地说道："我杀死了太多别人的儿子，有今日下场，也算是咎由自取。"

陪楚灵王落难的右尹子革提议说："大王，不如您前往郢都郊外，由楚人处置您。"

楚灵王摇摇头说："众怒不可犯，寡人不愿意面对他们。"❶

右尹子革又建议说："那您不如退守到一座大的城池，以等待楚国盟友的援兵。"

楚灵王说："盟友也已经背叛寡人了。"

右尹子革仍然不死心，继续说："要不您逃到其他诸侯国流亡吧。"

楚灵王还是摇头说："寡人身为一国之君，寄人篱下，只会自取其辱。"

右尹子革见楚灵王心灰意懒，他最终离开，回到了楚国。楚灵王独自沿汉水而下，准备进入鄀都❷。

楚国这场内乱，从冬天延续到夏天，公元前529年五月二十五日，楚灵王自缢而亡。此时，远在郢都的楚人，并不知道楚灵王自尽的消息。

观从对楚国的仇恨消失，他想让楚国变得更乱。观从对新任楚王公子比说："大王，请您杀了公子弃疾，否则即使您贵为楚王，恐怕也会遭遇劫难。"

公子比回答说："他终究是我的幼弟，我于心不忍。"

观从又说："公子弃疾会对您心狠手辣，我不愿看见您遇难。"

观从百般相劝，公子比始终不肯采纳其建议，最终，观从很明智地离开了

---

❶《左传·昭公十三年》："王曰：'众怒不可犯也。'"
❷ 鄀城是楚国的别都，因此史书上记作鄀都，今地位于湖北省襄阳市宜城县。

郢都。

不久后，郢都的百姓经常在夜里大声呼喊，"楚王回来了"。

他们口中的楚王，依然是楚灵王。公子弃疾利用这种情况，在某日夜里，派人四处奔走呼喊，"楚王回来了"。

参与这次内乱的楚人数量庞大，他们非常担心楚灵王率兵归来，秋后算账。公子弃疾利用人心惶惶的风声，派斗氏家族的斗成然❶前去告诉公子比和公子黑肱二人说："楚王回来了，城中百姓已杀了公子弃疾，马上就要杀到这里了。如今郢都城内的暴民怒火滔天，他们一定会杀了您。如果您早做定夺，或许可以免于受辱。"

篡位之人犹如惊弓之鸟，在某一瞬间，他们的心态会非常脆弱。公子弃疾正是利用这一点，故意散布假消息，以此逼死他的两位哥哥。

斗成然的潜台词十分明显，"二位公子，如果你们自尽的话，可以死得有尊严一点。"

正当公子比与公子黑肱犹豫之时，王宫外又传来"暴民来了"的呼声，二人信以为真，双双自尽。

次日，公子弃疾便即位成为新任楚王，史称楚平王。楚平王没有将兄长公子比葬于楚国的祖庙内，而是安葬于訾地❷，因此他死后也以埋葬地点为名，史称訾敖。

随后，楚平王偷偷杀了一个囚犯，将楚灵王的服饰套在尸体上，再把

---

❶ 斗成然，芈姓，斗氏，名成然，字子旗，采邑于蔓，又称蔓成然。斗谷於菟六世孙，斗韦龟之子，若敖氏之后。楚灵王得罪斗韦龟后，斗成然遵从父亲的意愿，前去侍奉公子弃疾。

❷ 今地不可考，《左传注疏》认为訾地即为巩县，位于今河南省巩义市附近。

尸体投入汉水中漂流，他又派人当众把尸体捞起来下葬，借此告诉众人，楚灵王已死，从而安定民心。

经过这番波折，楚国的内乱终于平息，楚成王成为最后的赢家，在论功行赏时，他将斗成然提拔为楚国新任令尹。

这场内乱让楚国元气大伤，远征徐国的楚军在返回的路上，在豫章❶被吴军击败，楚灵王派去伐徐的五名高级将领，也全部被吴军俘虏。

同年，吴国乘胜追击，出兵吞并了州来❷。楚国群臣曾建议楚国出兵攻打州来，楚平王刚刚篡位，急于稳定楚国政局，拒绝出兵。谁承想二十多年后，吴军取道州来，打了一场举世震惊的战争。

---

❶ 古地名，应位于今安徽省霍邱至河南省光山一带。
❷ 楚灵王当年田猎之地。

02 伍奢之死
——楚国悲剧的起点

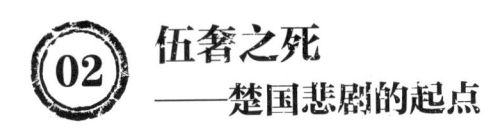

楚平王即位后，便命伍举之子伍奢做太子建的老师，即担任太子太傅一职。从此伍氏家族的命运便与太子建的命运绑在了一起。

转过年，楚平王采取联姻的策略，加强秦楚之间的关系，他安排年仅十五岁的太子建迎娶秦国公主孟嬴为夫人。

按照婚礼流程，楚平王派宠臣费无极前往秦国迎亲。

费无极一见孟嬴，便将对方视为天人。他迎亲归来后，立刻前往宫中游说楚平王。在费无极口中，孟嬴有着倾城之貌，好比九天玄女坠入凡尘一般，是举世无双的美女。

善于察言观色是一个宠臣必备的素质。费无极在描述的过程中，察觉到楚平王有些意动，他适时开口提议说："大王，不如由您迎娶孟嬴吧？"

这句话说到了楚平王的心坎上，二人商议后，楚平王让一名齐国女子冒充孟嬴，送往东宫与太子建成亲，而他将孟嬴迎进宫中，并立为夫人。一年后，孟嬴为楚平王产下一子，名为熊轸。

楚平王偷梁换柱的行为，很快在楚国郢都流传开来。始作俑者费无极心中惶恐不安，毕竟他得罪了楚国太子，日后太子即位，恐怕会秋后算账。因此，费无极心中一直盘算着如何废掉太子建。

公元前522年，太子建奉命戍守边疆。这对费无极来说，是一个千载难逢的良机，他迫不及待地向楚平王进献谗言。

费无极是历史上著名的小人，而小人都非常聪明。因此，费无极的话术十分高明，他对楚平王说："大王，自从我迎接您的夫人回郢都后，太子对我怀恨在心。我身为您的臣子，受点委屈也是分内之事。不过，我担心太子会迁怒于您，对您也心怀不满。如今他正戍守边疆，手上掌握着楚军的兵权。万一他想要对大王您不利，这将会很棘手，请您多多防备。"

"以退为进"是费无极这番话术的核心，这种"我死了没关系，但大王您一定要好好活着"的套路，让楚平王很感动。况且楚平王对迎娶孟嬴之事问心有愧，他听了费无极的谗言后，不由得对太子起了疑心。

不久后，费无极再次向楚平王进献谗言，他说太子建与伍奢正在向诸侯们借兵，准备起兵作乱，请楚平王尽快行动。

楚平王不疑有他，立刻召见伍奢，当面对质。

伍奢心知有小人作祟，他回答说："大王，您错一次已经很严重了，为什么还相信谗言呢？"

楚平王被当面揭开伤疤，顿时勃然大怒，立刻将伍奢打入死牢，并派楚国的司马奋扬领兵前去杀死太子建。

司马奋扬接到王命，左右为难，他思来想去，想出一个折中的办法。司马奋扬在动身前，先派人通知太子建，让对方赶紧逃亡，自己则率军慢腾腾向边境进发。太子建收到消息后，赶紧前往宋国避难。

当楚平王再次召见司马奋扬时，他早有准备，他命人将自己五花大绑，押送到楚国郢都复命。

楚平王看到对方摆出了认罪的姿态，瞬间明白了一切。楚平王质问司马奋扬说："命令从寡人口中而出，进入你的耳朵里，旁人并不知情。那

02 伍奢之死——楚国悲剧的起点

么，太子怎会知道你前去杀他？"

司马奋扬坦然承认道："的确是臣下告诉太子的，不过，大王曾经对臣下说过，侍奉太子如同侍奉您一样。臣下一直将您的命令牢记于心。所以，您让臣下杀太子建时，臣下很为难。对臣下来说，这是弑君之罪，因此臣下让他逃了。即使现在臣下后悔，也已然追悔莫及了。"

楚平王又质问他："既然没有完成命令，怎么还敢来见我呢？"

司马奋扬又回答说："臣下没完成王命，是臣下的失职，如果您召见臣下，臣下畏罪潜逃，那会罪上加罪。到时候，天下再大，臣下也无处可逃。"

楚平王被司马奋扬的忠诚感动，便赦免了他。费无极察觉到楚平王不想再追究下去，他心中很是不安。费无极担心事情有变，一旦太子建抓住机会翻身，他只有死路一条。

如今太子建流亡在外，费无极一时半会儿也拿对方无可奈何。不过太子太傅伍奢正被关在死牢中。若能将伍奢一家斩草除根，也算是剪除了太子的党羽。

费无极又面见楚平王说："大王，伍奢的两个儿子很有才干，他们跟随太子建一同流亡，如果不除掉他们，日后肯定会成为楚国的心腹大患。"

楚平王问道："你有什么计策呢？"

费无极回答道："不如我们设一个局，将伍奢父子全部杀了。"

楚平王心中意动，他派人向伍奢的两个儿子传话说，只要他们回郢都，楚王将赦免伍奢。

伍奢长子名为伍尚，次子名为伍子胥。伍尚对弟弟说："兄弟，我的才智不如你，你赶紧逃到吴国去，我准备回去赴死。"

伍子胥立刻劝阻说："大哥，你明知道回去是死路一条，为什么不和我一同逃亡？"

伍尚说："如今我们的父亲还被关押在大牢中，身为人子，置之不理，这是不孝。既然楚王以父亲的性命要挟我们，宁可信其有，不可信其无，我们只能冒险一试。既然我的才智不如你，所以由我去冒险，如果我与父亲被奸人杀害，你日后定要替我们报仇。"

兄弟二人定下对策后，便分头行动。伍尚回到郢都后，果然遭到了楚平王的毒手，他们父子二人双双被杀。伍子胥得知消息后，悲痛不已，他暗暗发誓，只要他活着，便会让楚国君臣寝食难安。

就这样，伍子胥背负着血海深仇，开始了复仇之路。

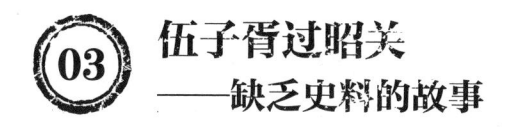

03 伍子胥过昭关
——缺乏史料的故事

伍奢与伍尚父子二人被杀后，伍子胥前往宋国，寻找流亡在外的太子建。恰逢此时，宋国发生内乱❶，朝野动荡不安，伍子胥寻找到太子建后，他审时度势，很快带着太子建和他的儿子公子胜逃往郑国。

太子建拜见郑国国君郑定公时，请求对方为自己复仇。

郑定公有些错愕，楚国不攻打郑国，那真是祖上庇护。郑定公义正言词地拒绝伍子胥说，"有些梦想放弃会比较好"。

太子建等人报仇心切，他们见郑定公不肯出手相助，便暗中勾结郑国的大夫，策划发动政变，篡位夺权。

事情很快败露，郑定公毫不犹豫地将太子建与叛乱之人杀死。事情到了这一步，伍子胥赶忙带着公子胜前去吴国避难。

二人一路上昼伏夜出，千辛万苦向吴国逃去，他们很快来到了昭关❷。昭关地势险要，这里两山对峙，是往来庐州的关卡，过昭关后便是长江，

---

❶ 公元前 522 年，宋元公猜忌国内权贵华氏，华氏一族为了自保，密谋反叛。最终宋元公向华氏妥协，双方互派人质，盟誓讲和。公元前 521 年，晋、曹两国相继出兵救宋，联军连连击败华氏，并将华氏围困于南里。华氏族人华登南下楚国求援。公元前 520 年，楚遣使向宋元公施压，逼他赦免华氏。此后华氏一族流亡至楚，宋国内乱至此平息。

❷ 今安徽省马鞍山市含山县以北。

二人可以乘船沿水路直奔吴国。

可是楚军在昭关布下重兵盘查，伍子胥二人想要过关，难如登天。二人正在商议时，从树林中走出一个老人，他仔细打量着伍子胥，上前行礼问道："请问你是不是姓伍？"

伍子胥很谨慎，不置可否。

老人知道伍子胥的顾虑，向伍子胥介绍自己是扁鹊的弟子，名为东皋公。他从小游历列国行医，如今年迈，才在此地隐居。数日前，东皋公看到昭关前挂着伍子胥的画像，才有此一问。东皋公顺势邀请他们前往家中一叙。

伍子胥与公子胜走投无路，便相信了对方。

东皋公将他们领到一个隐秘处，坦诚地说："我只有救人的本事，没有害人的心术，你二人可以放心地在我这里落脚。"

伍子胥感觉到了对方的情真意切，便将自己的身份和盘托出。

东皋公得知二人想过昭关，可如今昭关前有重兵把守，必须有万全之策，才能安全过关。

伍子胥跪在地上请求说："前辈，如果您能让我们脱险，伍子胥日后必有重谢。"

东皋公将他扶起来说："这里荒僻无人，你先安心住下，给我几天时间，我来想办法。"

伍子胥和公子胜一连住了七日，东皋公日日酒菜款待，却一直不提过关之事。伍子胥心急如焚，他找到东皋公说："我身负血海深仇，困在这里度日如年。前辈义薄云天，请您尽快帮我。"

东皋公回答说："你别急，我已经有了对策，我在等一个人。"

03 伍子胥过昭关——缺乏史料的故事

伍子胥听完不再多言,他当天夜里辗转反侧,难以成眠。伍子胥想辞别东皋公继续前行,又怕过不了昭关,可继续耽搁下去,又怕错过机会。

伍子胥一夜未睡,不知不觉,已然天光大亮。此时东皋公敲门进屋,看见伍子胥的模样,顿时大惊失色地问道:"你的两鬓和胡须怎么都白了?"

伍子胥不明所以,他拿过铜镜一看,镜中的自己竟然面容枯槁,两鬓如霜。伍子胥忍不住失声痛哭:"我伍子胥满腹才华,至今一事无成,却已经须发斑白。"

东皋公连忙劝说:"你先别急着哭,这对你来说,未尝不是一件好事。你容貌俊伟,在人群中鹤立鸡群,很容易被别人认出来,如今你须发斑白,反而容易瞒过去。况且我的朋友今日刚到,我们的计策十有八九可行。"

伍子胥强忍悲痛,追问对方有何计策。

东皋公说:"我这个朋友复姓皇甫,单名一个讷字,住在西南十里的龙洞山。他的容貌与你有几分相似,由他假扮你,吸引守军,即使他被人捉住,你也可以趁乱蒙混过关。"

伍子胥连连摇头反对说:"您这个计策好是好,可是会牵连您的朋友,我于心不忍。"

东皋公早有对策,他劝说道:"我早已想好解救他的办法。皇甫讷也是一位慷慨之士,别人有求于他,他绝不会推辞。"

说完,东皋公将皇甫讷请入屋中。伍子胥仔细一看,这人果然与自己十分相像。伍子胥不由得大喜过望,他拉过公子胜,面朝东皋公跪下,感激道:"前辈的大恩大德,伍子胥没齿难忘,我将来若有出头之日,一定会重重报答您。"

东皋公没有在意,只是回答说:"我同情你们的遭遇,才愿意帮你们。我并不指望您报答。"

两伙人就此分别,伍子胥和公子胜紧跟着皇甫讷,直奔昭关。他们在黎明前后抵达,正赶上开关之时。

皇甫讷刚到关口,守军见他身材样貌与伍子胥的画像相似,便将他团团围住。皇甫讷面露惊恐害怕的神色,苦苦哀求守军放了他。

守军中计,确信他便是伍子胥,当场将皇甫讷拿下。旁边的百姓听说伍子胥被捕,蜂拥上前围观,场面十分混乱。伍子胥神情枯槁,须发皆白,没人瞧得出来。他趁乱领着公子胜溜出昭关。

守军们准备拷打皇甫讷,逼他招供,皇甫讷连忙分辨说:"我是龙洞山下的隐士皇甫讷,准备与老友东皋公出关东游,我又没犯法,你们凭什么抓我?"

皇甫讷说话细声细语,语气十分温柔。守军也有些拿不准,据说伍子胥目光如电,声如洪钟,和眼前这人不太像。

正在此时,东皋公按照计划赶来,他取出准备好的通关文书,递给守军说:"大人,您弄错了,这是我的老友皇甫讷,我们二人约好在昭关相见,没想到他先到一步,您看,这是他的通关文书。"

守军再三检查,发现果然弄错了。既然不是伍子胥,守军没有为难二人,便将他们放了。如此一来,皇甫讷也安然脱险。

伍子胥领着公子胜过了昭关,马不停蹄地大步向前走。不多时,他和公子胜就来到了长江前。

03 伍子胥过昭关——缺乏史料的故事

二人看着浩浩汤汤、碧波万顷的江面，却无船渡江，不由得再次犯了难。在他们一筹莫展之际，一个渔翁撑着船从下游逆流而上，伍子胥立刻高呼道："船家，您能渡我们过河吗？"

这个渔翁听见呼声，刚想把船靠过来，却发现岸边有人走动。渔翁担心节外生枝，他唱歌说："月昭昭乎浸已驰，与子期乎芦之漪。"

歌词大意是：我将与你在芦苇洲里相会。

伍子胥明白对方的歌词之意，他领着公子胜沿江岸向下游走去，那里果然有一片芦苇洲，二人便藏到里面。

不多时，渔翁摇着船赶来，接上二人后，渔翁也不吱声，只是摇着船桨，向江对岸荡去。约一个时辰后，小船行到江对岸，渔翁这才对伍子胥说："昨夜我梦见有一将星落在我的船上，我知道今天一定有贵人需要渡江，因此摇着小船前来。我看您相貌非凡，能否将实情告诉我？"

伍子胥将自己的经历一五一十告诉了对方。渔翁忍不住感慨叹息，又说，我看你们应该饿了，你们先在此处等候片刻，我去取一些吃的东西。

说完，渔翁将船系在岸边的绿杨树下，转身离去。

谁承想，他这一去，半天都没有归来。伍子胥心中越来越不安，他对公子胜说："人心难测，万一他是去叫人捉咱们的，这将如何是好？不如我们先藏起来，静观其变。"

于是二人藏到了芦苇深处。

又过了一会儿，渔翁终于拿着饭菜归来，他见伍子胥不在，高声喊："芦中人，芦中人，我不是拿你求利的小人。"

渔翁的口中喊的"芦中人"三个字，是一个暗语。虽然伍子胥过了昭关，可是他依然没有摆脱追杀，如果渔翁喊，伍子胥，伍子胥，我不会用你换赏金的。万一周围有人，伍子胥的行踪便会暴露。所以，渔翁用"芦中人"三个字，保护伍子胥的秘密。

伍子胥察觉到渔翁的用意，心中一暖，疑虑烟消云散，他和公子胜二人从芦苇丛中走了出来。

渔翁却很不满，他抱怨说："我看你们又累又饿，特地为你们取来食物，你们为什么要躲着我？"

伍子胥回答说："之前我的生死全在天意，如今您救了我，那我这条命，现在属于您了，我又怎敢躲着您？"

二人接过渔翁的食物狼吞虎咽，填饱了肚子。临行前，伍子胥解下佩剑送给渔翁说："这把剑是先王赏赐给我的，在我家已经传了三代，现在我将它赠予您。这剑上嵌着的七颗星，价值百金，用来报答您的恩惠吧。"

渔翁摇头笑着回答说："楚王有令，捉到伍子胥者，赏小米五万担，封上大夫官职。我连重赏都不要，怎么会贪图你这百两黄金的宝剑？"

伍子胥很感动，又开口说道："既然您不愿意接受宝剑，那请留下您的姓名，我日后会重重报答您。"

渔翁被对方误解，愤怒异常，他不满地说："我是因为你含冤受屈，才渡你过江。你却以为我图你的报答，你真是小瞧我了。今日相逢，你逃脱了楚国的追捕，而我却放走了楚国的逃犯，这是重罪，我怎么能留下姓名？况且我以捕鱼为生，漂泊不定，不知道何时能与你再见面，假如真的有缘再见，到时候我喊你一声"芦中人"，你喊我一句"渔丈人"，便足够了。"

伍子胥面露愧色地和渔翁拜别。可是他刚走几步，又回头叮嘱渔翁

03 伍子胥过昭关——缺乏史料的故事

说:"如果有楚军追来,请您千万别泄露我们的行踪。"

渔翁听罢,仰天长叹说:"我对你推心置腹,你却总是猜忌我。你如果真的被楚军追上,我又怎么证明不是我泄露的秘密呢?既然如此,我愿以死证明清白。"

渔翁说完,便解开缆绳,放开小船,又拔掉舵收起桨,捣穿船底,他随着小船沉入江中,溺水而亡。

史书上并没有记载"伍子胥过昭关"的典故,以上故事出自明代历史小说《东周列国志》。在故事中,无论是东皋公与皇甫讷的仗义相助,还是渔翁的重诚信轻生死,都很好地诠释了中国文化的精神内核,这是中国人对自身历史的解读。

此外,《东周列国志》的很多细节与历史资料环环相扣。比如,太子建戍守楚国边境之地,与宋国接壤,因此太子建最先前往宋国流亡。同年,伍子胥前往宋国寻找太子建时,宋国发生内乱,二人前往郑国时,曾经有"谋郑联晋以伐楚"的打算,即二人前往郑国的目的是撬动晋国这块大石头。太子建后来又计划借晋国之力,在郑国发动政变。《东周列国志》的情节与这些历史事件暗合。

再如,伍子胥将佩剑送给渔翁时,曾经说这是先王赏赐的宝剑,传了三代。伍氏的三代应是祖父伍举,父亲伍奢,以及伍子胥。伍举曾经帮助楚灵王掩盖弑君之罪,他获得楚灵王赏赐的宝剑,也在情理之中。

言归正传,尽管史料苍白,但费无极陷害伍子胥,以及伍子胥复仇,都是记录在册的事实,与伍子胥生活在同一时代的孔子,曾经批评过伍子胥,这也验证了史料的真实性。

而《东周列国志》以小说的笔触,秉承着历史的内在逻辑,生动形象地演绎了"伍子胥过昭关"的故事，后人可以从中体会到，明代文人同样看重惩恶扬善、重义轻利、信守承诺等美德，这些与今天的价值观高度一致，因此足以证明，中国文化的精神内核，自古一脉相承。

这也是历史在文化领域的意义。

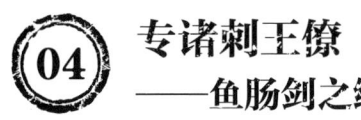

04 专诸刺王僚
——鱼肠剑之绝唱

伍子胥惊险过昭关，终于抵达吴国都城。在异国他乡，如何能让吴王迅速地认识他，这成为伍子胥需要思考的问题。

为了迅速成名，伍子胥采取了一个很极端的对策，他披头散发，脸上涂满烂泥，光着脚在在大街上游荡，四处向人乞讨。

不出数日，伍子胥便成为人们闲暇时的谈资。消息越传越远，引起了吴国境内一位善于相面的官吏的注意。官吏很好奇，便上街看看热闹，可是他一看伍子胥的面相，便不由得大吃一惊，心说这是贵人之相，难道伍子胥是别国流亡的大夫吗？

官吏将这件事上报给吴王僚，并建议吴王僚召见伍子胥。

此时，吴王僚的堂兄弟公子光听说后，心中暗喜，他听说楚王杀了忠臣伍奢，伍奢之子伍子胥有勇有谋，对方有可能为了报仇而投奔吴国。于是公子光心生招揽之意。

吴王僚召见伍子胥后，果然被他的风采气度折服。二人一见如故，连续聊了三天。伍子胥谈吐间将春秋局势分析得清晰透彻，吴王僚听得如痴如醉，只是伍子胥在提到自己背负的冤仇时，脸上总有藏不住的恨意。

吴王僚同情他的遭遇，萌生为他兴兵报仇的念头。公子光暗暗着急，如果吴王僚替伍子胥复仇，伍子胥一定会对吴王僚死心塌地，公子光招揽他的计划将会落空。

于是公子光劝谏吴王僚说:"大王,伍子胥劝您讨伐楚国,并非为吴国着想,他只是想借吴国之力,替自己报血海深仇,希望大王您三思。"

伍子胥绝顶聪明,他得知公子光的言行后,很快冷静下来,认真分析吴国的局势。当时吴国与曾经的楚国有几分相似,吴王寿梦一共有四个儿子,长子名为诸樊,次子名为馀祭,三子名为夷昧,幼子名为季札。

季札德才兼备,深得父亲以及各位兄长的喜爱。吴王寿梦去世前,曾想把王位传给季札,然而季札不肯接受。吴王寿梦没有强迫他,将王位传给了长子诸樊,同时吴王寿梦立下遗言,要他的儿子以兄终弟及的方式传位。

这个遗命得到了很好的执行,诸樊死后传位给了馀祭,馀祭死后传位给了夷昧,可是当夷昧想要传位时,季札再次反对,始终不肯接受吴王之位。

国不可一日无君,既然季札不愿意,众人只能拥立夷昧之子公子僚为国君,这便是今日的吴王僚。公子光是诸樊之子,他也对吴王之位产生了觊觎之心。

伍子胥的爷爷参与过楚灵王的弑君篡位,伍子胥深谙此道。他敏锐地察觉到吴国王权背后的暗流涌动,因此,伍子胥没有急于游说吴王对外用兵,他以退为进,在面见吴王僚说:"大王,您身为一国之君,不能为我兴师动众攻打楚国。"

吴王僚很纳闷,反问说:"你与楚国有血海深仇,为什么要放弃复仇呢?"

伍子胥回答说:"国君不能凭借自己的意愿做事,如果为了我而兴兵征伐,有违道义,请恕我不能遵从大王您的命令。"

吴王僚大受感动,连连赞叹伍子胥懂得失,知进退。于是吴王僚听从

04 专诸刺王僚——鱼肠剑之绝唱

了对方的建议，暂时打消了出兵的念头。

伍子胥赢得了吴王僚的好感后，暂时退出了吴国的政治舞台。可伍子胥并没有沉默，他暗中寻找勇士，并推荐给公子光，以博取公子光的好感。也就是说，伍子胥选择两头下注。

伍子胥想起曾经在流亡路上遇到一位勇士，名叫专诸。当时专诸正与人搏斗，他即将获胜时，专诸的夫人喊了他一声，专诸立刻放弃搏斗，与妻子回家。

伍子胥很好奇，他前去询问专诸："为什么您在盛怒之下，听到夫人的喊声，能够按下怒气，随她回家，这中间有什么隐情吗？"

专诸回答说："我今天屈身在我夫人一人之下，来日必会出头于万人之上。"

伍子胥听完，仔细打量对方，只见专诸虎背熊腰，双眼炯炯有神。更重要的是，专诸有勇有谋，能屈能伸，这种隐忍的性格，很适合做刺客。伍子胥便一直暗中与专诸结交。

如今，伍子胥察觉到公子光有篡位的心思，却偏偏向对方推荐专诸。专诸的实力举世无双，后人也将他列为春秋四大刺客之一。伍子胥这样做的动机，很耐人寻味。

公子光得到专诸时，大喜过望，他对专诸以礼相待。等二人熟稔以后，公子光试探专诸说："我能得到先生您，是上天的旨意，上天派您助我夺回王位。"

专诸回答道："先王夷昧，理应由他的儿子公子僚即位。这件事合乎情理，您为什么说王位是您的呢？"

公子光对专诸隐瞒了关键之事，只选择对自己有利的事情，向专诸讲解说:"先生,您有所不知,我父亲先王诸樊是长子,我则是长子长孙,按照规矩,我本应该继承吴王之位。可惜我力量薄弱,执政的大臣们不支持我,这才让吴王僚将我取而代之。如今,我只能用刺客,来夺回吴王之位。"

专诸又追问说:"您既然站住大义,为什么不找吴国的大臣们和吴王僚谈判呢?您暗地里准备刺客,做出弑君篡位的事情,并不光彩。"

公子光感慨说:"吴王僚一向贪得无厌,他倚仗手中的权力,只会不停索取,哪里知道退让?我走投无路,才想寻求一个能患难与共的勇士,与他共谋大计。先生,我这样说,您明白吧?"

专诸猜到了公子光的用意,便直截了当地回答说:"公子,既然您将话挑明,那请直接告诉我,您有什么打算?"

公子光按捺住心中的欣喜,对专诸说:"刺杀吴王僚之事,关乎国家大运,除了先生您,一般人难以成事。所以,我将身家性命托付于您,请您帮我出手刺杀他。"

专诸这才承诺说:"您对我有知遇之恩,您要我如何刺杀?"

公子光语重心长地回答:"这件事需要从长计议,不急于一时。"

专诸思量着,问道:"吴王僚有什么喜好吗?比如金银珠宝,或者美女香车之类?"

公子光说:"他喜欢天下美食。"

专诸追问说:"他最喜欢吃哪种美食?"

公子光又说:"最喜欢吃烤鱼。"

专诸心中有了主意,当即点头说:"那我知道了,这件事由我来处理。"

从那天起，专诸独自离开吴都，前往太湖边上苦练烤鱼的厨艺。日复一日，三个月后，专诸制作的烤鱼，外焦里嫩，鲜嫩多汁，吃过之人赞不绝口。

专诸回到都城向公子光复命说："他已经准备妥当，只要公子光一声令下，他便动手。"

公子光是能担当大事之人，自古以来，成大事者都必须沉得住气，公子光清楚，以自己现在的实力和声望，即使他将吴王僚杀了，也坐不稳国君之位。

公子光隐忍的时间，超乎人们的想象。公元前522年，伍子胥将专诸举荐给公子光。公子光将弑君夺位的谋划深深藏在心中，他表现得比任何人都忠心。于是，公子光深得吴王僚的信任。

公元前519年，吴王僚派公子光率军征讨楚国，公子光大败楚国联军于鸡父。楚国太子建流亡后，楚平王将他的母亲流放至居巢，公子光战后将她迎接到吴国，随后借势北伐，击败陈国和蔡国的军队。

公元前518年，楚国边邑的卑梁氏之女与吴国边邑女子争采桑叶，两国边邑官长听说后，一怒之下相互攻伐，楚军占得先机，灭掉了吴国的边邑。吴王僚大怒，派公子光讨伐楚国。公子光一战而胜，夺取楚国的居巢和钟离二城凯旋❶。

接连两场大胜，提升了公子光在军中的威望，这为日后之事做好了铺垫。但吴王僚也逐渐察觉到公子光的野心。

公元前516年，楚平王去世。伍子胥得知后，为不能手刃仇人而号啕大哭。吴国一向轻视周礼，他们从不相信"伐丧不祥"。吴王僚召集群臣商

---

❶ 居巢，古地名，今地不可考。钟离，今安徽省滁州市凤阳县境内。

议出兵伐楚。同年冬天,吴王僚没有派公子光出征,而是命自己的同胞弟弟公子掩馀、公子烛庸二人,率军包围楚国的潜邑,并派季札出使晋国,观察诸侯动向。

谁也想不到,吴王僚的这个决定,竟然改变了吴国的命运。

吴军入侵楚国后,楚国反应非常迅速,他们集结大军,兵分数路包抄吴军。莠尹然、王尹麇❶两人率兵救援邑,左司马沈尹戌率兵增援。

楚军分兵而至,让公子掩馀、公子烛庸起了轻视之心,他们从潜邑继续向楚军腹地挺进,不久后,两军在两百多里外的穷地❷遭遇。

孤军深入是兵家大忌。当吴军在穷地与楚军对峙时,楚国令尹子常早已率领水军前往沙汭❸,而楚军的左尹郤宛、工尹寿也率兵抵达潜邑,切断了吴军的后路。

公子掩馀、公子烛庸二人进退维谷,顿时陷入了绝境。

吴军被围的消息很快传回国都,这对筹谋已久的公子光来说,是一个天赐良机。伍子胥也劝说公子光:"如今吴王僚的两个弟弟被困楚国,吉凶难定,您的叔叔季札又远在晋国,国内没有重臣坐镇,请您抓住这个机会,动手吧。"

公子光行事果断,他即刻找来专诸,将情况说与专诸听❹,专诸说:"我可以刺杀吴王僚,可是我的母亲年迈,儿子幼小,怎么办?"

---

❶ 莠尹、王尹为楚国官名,然、麇为官员的名字。
❷ 古地名,今安徽省六安市霍邱县西南。
❸ 沙水和淮水的交汇处,在今安徽省蚌埠市怀远县东北。令尹子常率军扼守水路要道,可以防止吴军从水路撤退。
❹ 《史记·刺客列传》:"母老子弱,而两弟将兵伐楚,楚绝其后。方今吴外困于楚,而内空无骨鲠之臣,是无如我何。"

公子光郑重地说:"我会将你的母亲视为我母亲,将你的儿子视为我儿子。"

专诸再无后顾之忧,二人开始制订行刺计划。

同年四月,公子光设席宴请吴王僚,他在暗中埋伏好全副武装的甲士,只等对方前来。吴王僚收到邀请后,不由得举棋不定。如果前去赴宴,一旦公子光图谋不轨,自己将凶险万分,可如果不去,吴军被困楚国,季札又不在国内,吴国能用之人唯有公子光。在这敏感的时刻,吴王僚又不愿轻易得罪对方。

思量过后,吴王僚前去询问母亲:"公子光设宴招待我,您看应该如何应对?"

母亲回答说:"公子光最近快快不乐,脸上常有愤恨的神情,你要谨慎。"

吴王僚听从母亲的建议,他在衣服下穿了三层棠铁甲衣,又在沿途设置卫兵守护,卫兵从王宫大门一直排到公子光府上,甚至在公子光府上的台阶上、坐席旁,以及自己的身边都安排好亲信,还让侍从手执长戟,交叉护卫。吴王僚做好万无一失的准备,这才放心前往公子光府上赴宴。

席间,二人虚情假意,喝得酣畅淋漓,时机成熟之际,公子光假装脚疼,走出去包脚。专诸则趁机把鱼肠剑藏在烤鱼中,端上桌来。

吴王僚看见烤鱼,食欲大振,他赶紧让专诸端上来尝尝。专诸沉稳如故,端着烤鱼来到吴王僚身前,陡然暴起,抽出鱼腹内的鱼肠剑,便向吴王僚刺去。

周围的侍卫一直全神戒备,反应非常迅速,他们手执长戟,刺向专诸的胸前。专诸将生死置之度外,凭借一身孤勇,用力将鱼肠剑刺入吴王僚心口。

吴王僚身穿三重棠铁甲衣，寻常兵器无法刺穿。可是专诸手中兵刃，是十大名剑之一的鱼肠剑。据说这柄剑是铸剑大师欧冶子为越王铸造的，欧冶子采集赤堇山之锡、若耶溪之铜，经雨洒雷击，得天地精华，制成了五口剑，鱼肠剑是其中之一，其余四把分别为湛卢、纯钧、胜邪和巨阙。湛泸、鱼肠和纯钧三柄神剑便同位十大名剑之列。

专诸既是春秋的四大刺客之一，又手持传说中的神剑。三重棠铁甲衣没能抵挡住这一击，吴王僚心口被刺穿，当场毙命。

专诸一击得手，但也求生无路，他被左右侍卫乱刃砍死。

公子光趁混乱之际，出动暗中埋伏好的甲士，将吴王僚的侍卫斩杀殆尽。随后，公子光火速率人冲入王宫，自立为王，史称吴王阖闾。

05 要离杀庆忌
——《吴越春秋》中的演义桥段

吴王阖闾即位后,第一件事便是封赏专诸之子为吴国客卿,以报专诸舍身刺杀之恩。

吴王阖闾征伐楚国时,为自己在军中积累了威望,而他也为刺杀行动制订了周密的计划,所以吴国并没有因为吴王僚之死而产生动荡。

然而对阖闾来说,他想要坐稳吴王之位,还需要解决两个隐患。第一,季札在吴国拥有巨大的号召力,吴王阖闾需要得到他的支持;第二,吴王僚的两个弟弟正领兵在外。

季札在晋国观察各路诸侯的动向时,忽然听到吴国发生弑君政变,他不敢耽搁,当即启程回国。

季札毕竟是吴王阖闾的四叔,两人彼此间十分了解。季札回国后,吴王阖闾采用以退为进之计,恭敬地对季札说:"四叔,我祖父曾有遗言,吴王之位应该遵从兄终弟及的原则,这位子是属于您的,我现在把它还给您。"

季札三让王位,他从心底里不愿意成为吴王,而吴王阖闾正是算准了季札的心态,才施展了以退为进之计。

果然,季札一如既往地清高,他摇头说:"如果你能将吴国治理得繁荣昌盛,我也不会反对你做吴王。我会顺应天命,哀悼死者,侍奉生者。时至今日,木已成舟,我如果推翻你,吴国不知何时才能安宁,我会成为

吴国的罪人。"

吴王阖闾听完，悬着的心放下了一半，他对季札表态说："请您放心，我一定不会辜负您的期望。"

季札意兴阑珊地说："我现在要去吴王僚的墓前祭奠。"

他说完便转身离开。

公子掩馀、公子烛庸二人听说兄长被公子光弑杀，心中悲痛万分。然而他们身陷绝境，无力回天。最终二人拼死突围，分别逃往徐国和钟吾国。

公元前512年，吴王阖闾命徐国和钟吾国捉拿在逃的二位公子。两人走投无路，便前往楚国避难。楚昭王对二人非常重视，派人安顿他们，又派莠尹然和左司马沈尹戌为二人修筑城池，想用他们牵制吴国。❶

徐国、钟吾国放走二位公子之事，令吴王阖闾大为震怒，同年十二月，他逮捕了钟吾国君，并出兵讨伐徐国。

吴军堵住山上的河流，水淹徐国。楚国沈尹戌率兵驰援徐国，奈何鞭长莫及，没能如愿。十二月二十三日，徐国灭亡。❷

《左传》中关于二位公子的记载，至此戛然而止。然而《吴越春秋》中，则记载了另外一个故事，这个故事流传甚广，值得一提。

吴王僚有一个儿子，名为公子庆忌，据说此人自幼习武，臂力惊人，号称"吴国第一勇士"。吴王僚被杀后，公子庆忌逃往卫国避难。他不断地蓄积力量，想联合中原诸侯攻打吴国，以夺回王位。

---

❶ 《左传·昭公三十年》："取于城父与胡田以与之，将以害吴也。"
❷ 《左传·昭公三十年》："冬十二月，吴子执钟吾子，遂伐徐，防山以水之。"这是中国最早利用堤岸以水攻城的记录。

05 要离杀庆忌——《吴越春秋》中的演义桥段

吴王阖闾非常忌惮公子庆忌，他对伍子胥说："当年您把专诸推荐给我，对我情深义重。如今公子庆忌对吴国意图不轨，这令我寝食难安，请您帮我处理一下。"

伍子胥回答说："先君吴王僚对我礼遇有加，我却和您一起策划暗杀他，我已经是不忠不义之人了，您现在让我去杀他的儿子，我于心不忍。"

吴王阖闾劝说道："当年武王伐纣，是替天行道。他后来又杀死了纣王之子武庚，众人也没有意见。您现在杀死公子庆忌，也是一样的道理。"

吴王阖闾站在自己的立场上，将吴王僚比作纣王。经过数百年的宣传，纣王的恶名已经深入人心。伍子胥听完，回答说："食君之禄，忠君之事。我心里有个人选，这人虽然身材瘦削，但我希望您能让他去刺杀公子庆忌。"

吴王阖闾奇怪地说："公子庆忌号称'吴国第一勇士'，有万夫不当之勇，身材瘦削之人，恐怕杀不了他。"

伍子胥说："您别看他其貌不扬，一旦做起事来，他有万人之力。"

吴王阖闾的好奇心被勾起，连声询问这人是谁。

伍子胥说："这人名为要离，我和大王说说他的事迹吧。

"前些年，东海一带有个勇士奉齐王之命，前来吴国出使。他在路过淮水渡口时，想在河边饮马。管理渡口的官吏好心提醒他说：'你别在这里喂马。这水里有个神灵，看到马便会现身，到时候你的马必死无疑。'

"勇士很不在意地说：'以我的勇猛，神灵也不敢招惹我。'

"他说完，便安排随从牵着马去岸边喂水。不料果然有水神现身，将他的马匹夺走。勇士见状大怒，他脱去上衣，手持宝剑，跳到淮水中与神灵搏斗。他一连搏斗几天几夜，才从水中出来，并且瞎了一只眼睛。

"勇士来到吴国后，他的一个朋友家里刚好发生丧事。勇士便顺道去朋友家中参加丧礼。在酒席上，勇士倚仗自己曾与水神搏斗，表现得非常狂傲，他对在场的士大夫出言不逊，大有凌辱对方之意。

"刚好要离坐在勇士对面，他出言讥讽说：'你和水神搏斗，结果马匹丢了，车夫也没了，自己还被弄瞎了一只眼，不知道你为何还有脸大言不惭地吹嘘。'

"勇士听完要离的话，不由得恼羞成怒，他暗中决定，今晚要好好地教训要离一顿。

"酒席结束后，要离回到家和他的夫人说：'我今天得罪了一个人，他今天晚上一定会来找我们的麻烦，你不要把门关上，看我怎么对付他。'

"到了深夜，勇士悄悄来到要离家，他惊奇地发现，大门居然没有关。他走到前堂，发现这里的门也没关。他偷偷摸到要离的卧室前，发现屋门还是没关。勇士推门而入，只见要离毫无防备，披头散发，神态从容地躺在地上。

"仇人相见，分外眼红。勇士抽剑上前，一把抓住要离，用剑架在他的脖颈上说：'你有三个该死的理由，你知道吗？'

"要离处变不惊地说：'我不知道。'

"勇士说：'第一，你在大庭广众之下羞辱我；第二，你回家不关门；第三，你晚上睡觉不设防。这三点，说明你今日该死，别怪我下手太狠。'

"要离说：'你说的三个理由都不对，而你却有三件没出息的丑事，你知道吗？'

"勇士很好奇：'摇头说，不知道。'

"要离缓缓解释道：'我在大庭广众下羞辱你，你却不敢当场报复，这是第一件没出息的事。你进我家门，却不敢吭声，蹑手蹑脚来到我的屋中，和盗贼没有区别，这是第二件没出息的事。你刚才先拔出剑，后用手摁住我的脑袋，最后才敢大声说话，这是第三件没出息的事。以你胆小如鼠的性格，还敢来威胁我，你不觉得丢人吗？'

"勇士听完万分惭愧，他当场扔下剑，感慨地说：'从来没有人敢轻视我的勇猛，可是要离的勇猛，更在我之上，他是天下真正的勇士。'"

伍子胥说完，对吴王阖闾说："大王，我把要离的事迹如实相告，至于是否用他，由您定夺。"

吴王阖闾虽然被要离的风采折服，但还是不信，他点头说："希望趁我空闲的时候，见见他。"

在伍子胥的穿针引线下，吴王阖闾终于招要离前来相见。

要离一见面，开门见山地说："大王，我是一介山野村夫，瘦小无力，但如果大王有令，我将万死不辞。"

吴王阖闾看见要离瘦削的身材，心凉了半截，要离说完这番话，他的心凉透了。吴王阖闾心中不满，埋怨伍子胥怎么推荐了这么一个人。因此他沉默不语，没有开口与要离说话。

虽然吴王阖闾没看得起要离，但人不可貌相，海水不可斗量。要离也是春秋四大刺客之一。

要离走上前又说："大王，请您不用担心公子庆忌，我可以杀了他。"

此时，吴王阖闾开口解释道："庆忌以勇猛闻名于世，他筋骨刚强，有万夫不当之勇。我曾经坐在由四匹马拉着的车上追杀他，一直追到江边,也没有将他抓住。我也曾暗中张弓搭箭射杀他,却被他空手将飞箭接住。并不是寡人不信任你,只是你的身材力量与他差太多了,你去杀他,只会白白送死。"

要离则说:"大王,刺杀公子庆忌之事,只能智取,不能力敌。我有个计谋,您听听看。我假装犯下重罪,逃到卫国去。然后请大王您杀掉我的妻子和孩子,并在市集上烧毁他们的尸首,再把他们的骨灰扔到风里给扬了。最后,您还要悬赏千金和百里之地来买我的人头。"

即便像吴王阖闾与伍子胥这样的上位者,听见要离的话,也会不寒而栗。按照要离之言,挫骨扬灰也不过如此,可这些人,是要离的骨肉至亲。

伍子胥劝说道:"不必做到这种地步吧?"

要离说:"只有这样,公子庆忌才会对我深信不疑,到时候我混在他身边,寻到机会,便能一刀毙命,将他杀死。"

吴王阖闾一扫刚才的轻视态度,他恭敬地说:"您要不要再考虑一下?"

要离则回答说:"我听人说,沉溺于儿女私情,不能尽到侍奉君主的义务,这是不忠;只考虑自己的家庭,不替国君排忧解难,这是不义,我要离不会做不忠不义之人。"

吴王阖闾没有妇人之仁,他的行事作风果敢决绝,当即同意了要离的计谋。

于是要离假装得罪了吴王阖闾,仓皇逃出吴国。吴王阖闾按照计划,杀了他的妻子和儿女,并在市集上焚尸示众。

要离在逃往卫国的路上,大肆宣布吴王阖闾的残忍行径,他的悲惨遭遇天下无人不知。当要离逃到卫国时,立刻托人寻找公子庆忌,表达投靠

05 要离杀庆忌——《吴越春秋》中的演义桥段

之意。

二人一见面,要离抱着庆忌失声痛哭:"公子,您不知道,阖闾暴虐无道,他杀死了我的妻儿,又在市集上焚尸示众,让他们死后不得安静。此仇不报,誓不为人。我刚从吴国逃亡而来,知道吴国的很多内情,公子您勇冠吴国,我只有依靠您,才能生擒阖闾,报仇雪恨。您不如与我一同杀回吴国。"

公子庆忌派人调查要离的背景,发现要离的经历果然惨绝人寰,他与阖闾是不死不休之仇。公子庆忌同情对方的遭遇,并对要离深信不疑,于是答应了他的请求。

三个月后,公子庆忌挑选了一批精兵勇士,同时带着要离一同动身,杀回吴国。从卫国前往吴国,必会横渡长江。众人在渡河时,要离身手敏捷,抢先坐到了船头的位置。

小船行至江中,此时江风阵阵,要离所坐之处,刚好位于上风口,他用矛钩钩住公子庆忌的帽子,再借风势用力刺杀对方。

公子庆忌猝不及防,被当场刺中,身受重伤。不过公子庆忌毕竟有万夫不当之勇,他在垂死挣扎之际,扑上去抓住要离的脑袋,仿佛按着一个水瓢一般,浮起来又按下去,再浮起来便再按下去。如此反复三次❶。

公子庆忌反复折磨要离后,伤势加重,身体撑不下去,他拽着要离的头放在膝盖上,奄奄一息地说:"你居然敢在我的头上动刀。"

随从见公子庆忌受重伤将死,愤怒地提刀想将要离乱刃分尸,正在此时,公子庆忌再次开口说:"这人也算一个勇士。识英雄重英雄,你们不

---

❶ 《吴越春秋》:"三捽其头于水中。""捽"字为吴越地区方言,意思是揪着别人头发。

要杀他，让他回吴国吧。"

话音刚落，公子庆忌便一命呜呼。

要离听到公子庆忌的遗言竟是放自己一条生路，他不由得百感交集。众人渡江后，要离神色悲怆，他们行至江陵时，要离便不愿再向前走一步。

随从好奇，出言询问，要离回答说："我为了效忠国君，让妻子儿女惨死，这是不仁；我为新任国君而杀死先君之子，这是不义；公子庆忌临死前饶我性命，更彰显了他的德行。与他相比，我无异于贪生怕死，哪还有颜面活下去？"

要离说完，便一头跳入江中自尽。随从赶忙下水将他救起，随从劝说道："您这就不理智了。您成功刺杀公子庆忌，为阖闾立下大功，回吴国后，高官厚禄不在话下，飞黄腾达指日可待，您为什么要寻死呢？"

要离惨笑道："我连性命都不想要了，怎么会贪图这些身外之物？"

最终要离砍断了自己的手脚，伏剑自尽考证参见附录2。

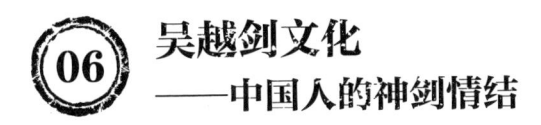

06 吴越剑文化
——中国人的神剑情结

早期的吴越地区，剑文化十分发达，这与当地丰富的矿产密不可分，自然而然催生出了令人称奇的剑文化。正因如此，吴越地区涌现出欧冶子、干将、莫邪等家喻户晓的铸剑大师。

古人认为，剑是百兵之中的君子，甚至在近代的武侠小说中，那些白衣胜雪、纵马江湖的侠客所佩带的兵器，大多是宝剑。假如令狐冲所学的功法叫作独孤流星锤，或者独孤狼牙棒，那会少了几分洒脱。

正是宝剑独特而儒雅的气质，从春秋时代开始，它们便成为各国君主最喜欢配搭的武器。

据说，吴王阖闾便热衷于收藏名剑。历史上的十大名剑中，鱼肠、干将、莫邪、湛卢这四柄名剑都与他有着莫大的渊源。本书正文中提到了鱼肠剑的故事，笔者在此交代其余三把剑的故事。

据《吴越春秋》记载，干将是吴国人，他与欧冶子同出一个师门。而莫邪则是欧冶子的女儿，同时也是干将的妻子。

吴王阖闾听说干将、莫邪的铸剑造诣不在欧冶子之下，于是他派人请这夫妻二人出山铸剑。

干将和莫邪来到吴国后，他们采集五大名山中铁石之精华，以及天地四方中稀有的金属，投入铸剑炉中煅烧。

《吴越春秋》之后的记载，则带有浓重的神话色彩。书中说，熔炼金石时，干将一直留意着天地变化，在日月同照之际，周天神灵亲临现场观摩，炉中天地之气已然通畅，可金石精粹迟迟不能熔化成液体。

干将对此一筹莫展，莫邪提醒他说："金石不化，是因为神剑有灵，需要向神灵献祭铸剑之人。"

干将经莫邪提醒，赞同道："的确如此。当年我师父铸剑时，因为剑炉中的铜铁没能熔化，师父师娘二人双双跳入炉中，这才铸成宝剑。难道我们也要效仿吗？"

莫邪说："先师以肉身献祭剑灵，你我作为后人，也只能如此。"

干将连忙拉住妻子说："我不忍心让你陪我丧命。"

莫邪说："你先别急，我试试其他的法子。"

她说完，便剪下自己的头发和指甲丢入炉中。与现代人的认知不同，古人们信奉头发里藏有人的魂魄，在干将和莫邪眼中，将头发投入剑炉中，等同于将自己的魂魄投入炉中。

随后，夫妻二人命三百童男童女填上炭石，开足马力鼓风冶炼。剑炉中的金石终于熔化，干将和莫邪铸成了一对宝剑。这便是十大名剑中的干将与莫邪。干将为阳剑，莫邪为阴剑，阳剑上有龟甲图文，阴剑上则布满了散乱的纹理。

干将将阳剑藏起，又将阴剑献给吴王阖闾。恰逢此时，鲁国大夫季平子前来吴国出使，吴王阖闾便将莫邪剑赠与对方。季平子抽剑观瞧，发现剑刃上有一个米粒大小的缺口，他忍不住摇头叹息说："这把剑很精美，以中原能工巧匠的水平，也很难铸造出这把剑。吴国得此剑，必会称霸于天下。可惜剑刃上有缺口，预示着吴国会因称霸而灭亡。我虽然喜爱这把剑，但无福消受，只能多谢大王好意。"

以上便是《吴越春秋》中关于干将、莫邪的记载。我国著名的浙江文学家鲁迅先生，曾经在《故事新编》中对书中记载进行了艺术加工，创作了小说《铸剑》。故事的主人公名为眉间尺。中华人民共和国成立后，美术工作者将《铸剑》的故事制作成动画片，影响了一代人，同时也让干将、莫邪的故事广为流传。

越国曾经向吴国进贡了欧冶子铸造的三把宝剑，一为鱼肠，二为磐郢，三为湛卢。

鱼肠剑名字的由来，主要有两种说法：一种是剑身上的花纹曲折婉转，犹如鱼肠，因此得名；另一种说法则认为鱼肠剑身小巧，专诸刺王僚时，此剑便藏在鱼肠之中。

磐郢剑则有一个更响亮的名字，名为胜邪剑。《越绝书》中记载，这是一柄残剑，并没有铸造完成。胜邪剑每铸造一寸，邪气便增长三分。欧冶子只铸造半截，剑身已经邪气凛然，欧冶子不敢继续，所以此剑为残剑。

至于湛卢剑，传说这把剑通体黝黑，仿佛上天黑色的眼睛，注视着天子以及诸侯的一举一动。所谓，君有道，剑在侧，国兴旺。君无道，剑飞弃，国破败。

《吴越春秋》中，关于吴王阖闾与湛卢剑的故事，充满了神话色彩，但这个故事的神话色彩中，又有影射现实的意味，这种情况在早期的历史中很常见，我们简单讲讲这个故事。

话说吴王阖闾有个女儿叫作滕玉，她很有个性。吴王阖闾因为要攻打楚国，临行前和夫人以及女儿一起吃了次家宴，主菜是蒸鱼。吴王阖闾说："我先尝尝。"结果吴王将一条鱼吃了一半才给他女儿滕玉。

滕玉很生气，说："父王将吃剩下的鱼给我吃，这是在侮辱我啊！"

寻常女子生气，哄哄也便好了。滕玉不是寻常女子，她为此自尽而亡。

吴王阖闾痛失爱女，追悔莫及。可惜人死不能复生，吴王阖闾便厚葬滕玉，将黄金鼎、碧玉杯、白银樽、珍珠镶饰的短袄等宝物，全部用来为爱女陪葬。

到了滕玉下葬之日，吴王阖闾命人在街上放出白鹤。翩翩起舞的白鹤吸引了成千上万的百姓在后面观望。白鹤进入墓门时，百姓们也跟了进去。此时吴王阖闾却下令触发机关，将白鹤与百姓全部关在墓中，为爱女陪葬。

吴王阖闾的做法，引发了天怒人怨。湛卢剑因为他的残虐无道，飞离吴国，沿水路飞到了楚国王宫内。

这一日，楚昭王醒来时，发现身边躺着神剑湛卢，他吓了一跳，还以为有刺客潜入。楚昭王定了定神，百思不得其解，便请来著名的宝剑专家风胡子询问。

风胡子仔细端详后，回答说："这是湛卢剑。"

楚昭王好奇地问："您是怎么知道的？"

风胡子又说："吴王阖闾得到越国进贡的三柄神剑，鱼肠剑是短剑，用于刺杀吴王僚；磐郢剑是残剑，用于为他的爱女陪葬。因此您手中的这把剑，一定是湛卢。"

楚昭王依然不解，追问道："湛卢剑怎么会来到寡人身边？"

风胡子说："大王有所不知，湛卢剑吸收天地之精华，内有神灵之气，可辨忠奸，一旦人君暴虐无道，湛卢剑便会离开他。如今吴王阖闾暴虐无道，他弑君篡位，妄图伐楚，又用活人为女儿殉葬。所以湛卢剑才会离开他。"

楚昭王非常高兴:"这剑如此神奇,应该价值连城吧?"

风胡子说:"湛卢剑还在越国时,有买主出价三十个带有市集的乡,两个万户人口的城邑,外加骏马一千匹,来换取湛卢剑。秦国薛烛也曾说过,现在神灵已经上天,欧冶子也驾鹤西游,即使用满城黄金和满坑满谷的珠宝玉石,也无法得到此剑。"

楚昭王听到这柄剑如此珍贵,立刻将湛卢供奉珍藏。

《吴越春秋》除了记载吴王阖闾与十大名剑的故事外,还记载另一个非常著名的典故。诗仙李白曾在《侠客行》中写道:"赵客缦胡缨,吴钩霜雪明。"诗鬼李贺也在《南园》中写道:"男儿何不带吴钩,收取关山五十州。"他们口中的吴钩,便是吴王阖闾得到的一对金钩。

吴王阖闾曾经下令,谁能铸造出卓绝的金钩,他便赏那人百金。

有一位工匠贪图重赏,他杀了自己的两个儿子,将他们的血涂在金石上,铸成了一对金钩,献给吴王阖闾,请求赏赐。

吴王阖闾看了半天,没看出名堂,于是说:"吴国制造金钩的能工巧匠很多,只有你前来与我讨要赏金,可是我看你这对金钩,没有稀奇的地方。"

那位工匠回答说:"我杀了我的两个儿子,将他们的血涂在金石上,才造出这对金钩。"

吴王阖闾将这对金钩扔到一堆金钩中,对那人说:"即使混在一起,也看不出神奇之处。"

那位工匠呼喊着自己儿子的名字说:"吴鸿、扈稽,你们飞到我这里来。"

说时迟那时快,他的话音刚落,这对金钩应声而起,飞到他的身前。

吴王阖闾一激灵，慨叹道："先生，您真是神人，是我对不住您呀。他当即赏了这个工匠百金，时刻将这对金钩带在身上。"

由于《吴越春秋》的很多记载过于荒诞，令人难以置信。很多人因此全盘否定书中的记载。可是古代很多神话，都是在现实的基础上衍生而来，不能全盘否定。

在很多人的印象里，铸剑名师欧冶子是神话中的人物，并不存在于现实中。然而，1965年年底，在湖北江陵出土了越王勾践剑。这把剑出土时完好如新，锋刃锐利，剑身满布菱形花纹，用鸟篆刻镂的铭文标明了"越王勾践自作"几个字。后来北京钢铁学院等用质子X射线荧光非真空技术分析发现，这把剑是用相当纯粹的高锡青铜铸成的，黑色花纹处含有锡、铜、铁、铅、硫等成分，铸造工艺非常高超。

这一考古发现为书中欧氏铸剑的记载，提供了实物佐证。这也是历史吸引人的地方，总能在不经意间，给我们一些意想不到的事实。

07 苏州古城
——中国最早的风水城

吴王阖闾即位后所做的第一件事，便是任用贤能，广施恩惠。由于上位过程并不光彩，吴王阖闾担心诸侯们对他心怀芥蒂，吴国百姓与他离心离德。于是他时常找伍子胥商议国家大事。

有一天，吴王阖闾对伍子胥说："先生，我想让吴国崛起，从而称霸天下，我怎么做才能达成目标？"

伍子胥一听对方有称霸天下的志向，心里又喜又惊，喜的是自己终于有了报仇的希望，惊的是他不确定吴王阖闾是否在试探他。

七年前，伍子胥刚到吴国时，便向吴王僚提议攻打楚国，当时吴王阖闾以伍子胥动机不纯为由，将这件事搁浅。

伍子胥没有贸然进言，他跪地前行，一边流泪一边磕头，回答说："我是从楚国逃亡的罪人，抛弃了父亲兄长，独自苟活于世。如今他们尸骨未寒，我却不能年年祭拜他们，我心中羞愧万分。而我忍辱负重投奔大王，您不杀掉我，已经是对我的恩赐，我实在不敢参与政事。"

伍子胥用以退为进的方式，再次向对方诉说自己的血海深仇。吴王阖闾的回答很高明，他对伍子胥说："先生，您千万别这样说，如果没有您，我恐怕依然在征战沙场，不会有今天的成就。现在吴国霸业未成，还需要您辅助我。"

很明显，吴王阖闾有意避开了对方的复仇之事，只侧重于对方为他弑君篡位所作的贡献。伍子胥则这样说，国家与君主在生死存亡之际，君王愿意与大夫们相处。然而国君的忧患解除后，国事安定，这些人必然不再受到国君的赏识。

伍子胥的话说得很委婉，也很尖锐。"同甘共苦"四个字，共苦容易，同甘太难。

吴王阖闾闻言，果断反对说："先生，您说得不对，如今我已经成为吴王，若是没有先生，我又找谁商议国家大事呢？"

吴王阖闾借这话，向对方表明，自己不会卸磨杀驴。紧接着，吴王阖闾不等对方回答，继续说："吴国地处偏远，这里地势艰险阻塞，气候潮湿，饱受江河海洋的水患。而我又不精通治国之道，百姓无依无靠，请您指点。"

伍子胥沉默良久，才开口回答："我听说治国之道，在于国君安泰，百姓安定有序，这才是上策。"❶

吴王阖闾追问："具体办法是什么呢？"

伍子胥说："我们先修建城池，设置守卫军备，充实粮仓，准备好武器兵库，如此一来，才有机会建立霸业。"

吴王阖闾疑惑不解地问："吴国有都城，并且我们已经在吴国地势险峻的地方设置了关隘，还要修什么城呢？"

伍子胥回答说："我需要修一座暗合天道的城池。"

他口中提到的城池，其实是一座风水城。

吴王阖闾听完大喜，说道："那我便将这项大计，拜托您去筹划。"

---

❶《吴越春秋·阖闾内传》："子胥良久对曰：'臣闻治国之道，安君理民，是其上者。'"

结果伍子胥建造了一座出乎所有人意料的大城，这座城池也是有史以来最早的风水城。

伍子胥勘察地形，探测水文，取法天地，选定一块风水宝地，才破土动工。城池长四十七里，在陆路上有八座城门，象征着吸纳天上的八面来风，在水路上也有八个城门，象征着地上的八个窗户。伍子胥又在旁边修建了一座方圆十里的小城。小城在陆路上设置南、北、西三面城门，唯独东面无门。因为越国在吴国的东面，东面无门，可以抵挡越国的煞气。

此外，在那座大城中，伍子胥又设立了阊门和蛇门。阊门象征天门，蛇门象征地门，天地对应，可让天地之气畅通无阻。同时，阊门位于西面，吴王阖闾谋划向西攻破楚国，因此，阊门后来又改名叫作破楚门。

由于吴国地处辰位❶，辰位对应的生肖为辰龙，于是伍子胥请工匠制作了两条小龙，盘绕在小城的南门城楼上，用来象征龙角。越国地处巳位，巳位对应的生肖为巳蛇，伍子胥又在大城南门上，装饰了一条木质的蛇，蛇身向北，蛇头冲着城内，象征越国归属于吴国。

尽管《吴越春秋》的记载偏于玄幻，但这座风水城不仅存在，而且赫赫有名，这便是苏州古城。经过两千多年的沧桑，苏州已经发生了天翻地覆的变化，但阊门依然留存至今。

---

❶ 十二地支是中国特有的一种传统文化，十二地支分别对应不同的方位，古代风水师根据方位的不同解决风水上的问题。吴国位于东南，即辰位。详情见下图。

08 伯嚭入吴
——伍子胥的日后隐患

在伍子胥为吴王阖闾修筑苏州古城之前,楚国大夫伯嚭前来投奔伍子胥❶。

伯嚭的身世很曲折,祖上伯州犁曾经是晋国的贵族,后来伯州犁遭到三郤的迫害,流亡到楚国避难,并且深受楚共王识,从此伯州犁便在楚国开枝散叶。

楚灵王弑君篡位时,杀死了伯州犁。楚平王篡位后,又很赏识伯州犁之子伯郤宛,并任命他为楚国的左尹。

楚平王平日里喜欢与伯郤宛聊天,二人常常彻夜长谈,清晨再共进早餐。费无极见伯郤宛受宠,心生妒忌,于是想出一条毒计。

莽撞人害人,会令人遭受皮肉之苦,可奸佞小人害人,往往会令人断子绝孙。费无极先是拜见楚平王说:"大王,楚国上下都知道您赏识伯郤宛,伯郤宛的确是一个人才,这说明您识人善用。不如您在伯郤宛府上安排一场酒宴,您可以借此机会,向楚国群臣展现您的爱才之心。"

费无极本就是楚平王的宠臣,楚平王没有深思,便答应了他。

伯郤宛得知楚平王将大驾光临,十分高兴,他命人杀牛宰羊,准备最隆重的招待礼仪。

---

❶ 《吴越春秋》称之为白喜。

08 伯嚭入吴——伍子胥的日后隐患

此时，费无极教唆伯郤宛说："伯大人，我向您提个好建议。我们楚国崇尚武力，大王更是勇猛刚毅，他最喜欢兵器。您可以事先在大门到厅堂的路上，摆上您珍藏的兵器，如果大王看上哪一件，您可以顺势献给大王，讨他的欢心。如此一来，您和大王的关系，一定能够更进一步。"

伯郤宛觉得对方言之有理，立刻将自己珍藏的兵器摆放出来。

没过多久，楚平王带着费无极一同去伯郤宛府上，他们刚走到门口，只见大门洞开，里面摆满了各种兵器。楚平王大吃一惊，连忙问费无极："伯郤宛这是想干什么？"

一切都在费无极的算计之中，他却佯装惊恐地喊道："大王，您快跑，伯郤宛想要谋逆弑君，我为您断后。"

楚平王勃然大怒，他逃回王宫，便派令尹子常率兵攻打伯郤宛。伯郤宛误信小人谗言，被稀里糊涂灭了门。当时伯嚭不在府上，侥幸捡回一条性命，他背负血海深仇，前往吴国投奔伍子胥。❶

伍子胥得知对方的遭遇，不由得感同身受。他的父亲兄长，也是被费无极这个奸人所害。既然二人有共同的仇敌，伍子胥便将伯嚭引荐给吴王阖闾。

吴王阖闾面见伯嚭时问道："吴国地处偏远，东临大海，是一块贫瘠

---

❶ 《吴越春秋》记载，伍子胥修建苏州古城后，伯嚭前去投奔伍子胥，这个记载值得商榷。伯嚭之父伯郤宛是楚平王的宠臣，但楚平王死于公元前516年，那时吴王阖闾还没有弑君篡位。此外，伯郤宛官职为楚国左尹，而吴王僚在公元前516年伐楚时，担任楚国左尹之人为沈尹戌，因此，伯郤宛被害的时间，早于吴王阖闾篡位。如果《吴越春秋》记载属实，那只有一种可能，即伯嚭在外流亡数年以后才投奔伍子胥。

之地，你为什么会投奔吴国呢？"

伯嚭说："我是楚国流亡之人，听说您收留了穷困潦倒的伍子胥，我才不远千里前来归顺。从今以后，我这条命就是您的了。您如果要，刀山火海我都在所不辞，您如果不要，希望您赐我一死。"

那个年代，国君都喜欢舍生忘死的勇士，吴王阖闾被伯嚭的话打动，便将他留在身边。

在招待伯嚭的宴会上，吴国大夫被离对伯嚭心怀忌惮，他悄悄地问伍子胥说："大人，您为什么刚认识伯嚭，就很信任他呢？"

伍子胥长叹一声，回答说："您有所不知，伯嚭被楚国害得家破人亡，他和我的境遇一样，我难免会对他生出亲近之心。"

被离连连摇头说："您不能只看表面，当年要离投奔公子庆忌时，对方也是可怜他。后来公子庆忌的下场，您比我更清楚。我实在放心不下，您有防备之策吗？请告诉我一下，也好让我安心。"

伍子胥否认说："这个我真没想过。"

被离听完心中更慌，他眉头紧锁说："您看伯嚭目光如鹰，走路似虎，整个人呈现出一副追求功利、嗜杀残忍的样子，您千万别和他亲近。"

伍子胥听完不以为然，他哈哈一笑说："您不必顾虑太多，来，我们喝酒。"

历史充满了戏剧性，被离的话果然应验。此时穷途末路的伯嚭，在三十年后，竟然亲手害死了伍子胥。只是，如今的伯嚭身负血海深仇，一心只想借吴国之力，出兵伐楚，为父母亲族报仇。所以伯嚭对伍子胥恭恭敬敬，并竭尽全力为吴国出谋划策，他很快成为吴王阖闾的肱股之臣。

在不久后的柏举之战中，伯嚭更是史书上记载的吴国三员大将之一。

09 孙武治军
——令行禁止的治军之道

《左传》记载，公元前512年，吴王阖闾对伍子胥说："先生，当初您提议攻打楚国，我知道此事可行，但我害怕先王派我出征，又不愿意别人抢占我的功劳。如今我已经成为楚王，您看攻打楚国如何？"❶

吴王阖闾将当年阻挠伍子胥的事情，推卸到"功劳"两个字上，可谓十分巧妙。伍子胥提议说："楚国权力臃肿，内政治理混乱不堪，权贵们尔虞我诈，彼此间存在难以协调的利益纷争。大王您可以组织三支军队，派一支军队去骚扰他们，楚国必然全军出击，敌进我退，敌退我进，他们必会疲于奔命。多次骚扰以后，我们再用各种办法让他们失误。等时机成熟，您再派三军一同进攻，将会大获全胜。"

吴王阖闾采纳了这个方案，从此楚军疲于奔命，陷于困顿疲乏。

伍子胥的战略思路与当年晋国中军将荀䓨如出一辙，堪称吴国版的"三驾疲楚"。

《吴越春秋》的记载比《左传》更细致。书中记载，吴王阖闾找到伍子胥和伯嚭商议说："我想伐楚，你们有什么计划？"

二人激动万分，纷纷出言献策。

---

❶《左传·昭公三十一年》："初而言伐楚，余知其可也，而恐其使余往也，又恶人之有余之功也。今余将自有之矣，伐楚何如？"

吴王阖闾看见他们的神色，担心他们公报私仇，借伐楚之事，报自身血海深仇。如果二人被仇恨蒙蔽了双眼，孤军深入楚国腹地，一旦被围，后果将不堪设想。当年公子掩馀、公子烛庸便曾被困于楚国。于是吴王阖闾有些犹豫，敷衍地回答说："我知道了，你们先回去吧，让我再想想。"

伍子胥和伯嚭离开后，吴王阖闾登上高台，他迎着南风仰天长啸，始终拿不定主意。

伍子胥望着站在高台上的吴王，也若有所思。吴王阖闾有称霸中原之心，称霸必先伐楚，既然他表达了伐楚的意愿，却又借故推诿，伍子胥猜到了对方的心结。于是伍子胥开始四处寻找合适的人选，他很快找到了孙武考证参见附录3。

不久后，吴王阖闾再次与伍子胥讨论军事战略，这时伍子胥趁机向对方推荐孙武。

吴王阖闾担心孙武是伍子胥的傀儡，因此百般推托。伍子胥则锲而不舍地再三推荐，最终吴王阖闾妥协，召见孙武前来一会。

两人会面后，吴王阖闾非常严苛地询问对方兵法。孙武对答如流，他陈述的每一篇兵法，都可以打动吴王阖闾。

一番长谈过后，吴王阖闾忍不住又问："先生，您的兵法很精彩，不知道能否用于实战？"

孙武自信地回答说："大王，我可以为您操练后宫的宫女。"

吴王阖闾立刻命令三百宫女穿上甲衣，戴上头盔，手执兵器列队站好。

孙武对宫女讲解规矩说："我会击鼓三遍，第一遍时，全体都要做好准备；第二遍时，你们口中要高呼'杀'字向前冲刺；第三遍时，你们要准备好作战的阵势。"

孙武说完,宫女们笑得直不起腰,根本没将他放在眼里。

这时,孙武亲自持鼓槌击鼓,再三命令道:"不准再笑,准备训练。"

宫女们充耳不闻,依然嬉笑如故。

孙武当众询问执法官:"如果队长没能执行军令,按军法应当如何处置?"

执法官回答说:"按律当斩。"

孙武严肃地下令说:"来人,将两个队长处斩。"

吴王阖闾原本站在高台上看热闹,他听到孙武要斩两位队长,当时便急了。因为这二人是他的宠姬。吴王阖闾赶紧派人对孙武下令说:"先生,刀下留人,您的本领我已经领教了,的确很高明。您千万别杀我的宠姬。没有她们,我寝食难安。"

孙武铁面无私地回答,我既然接受大王的命令,成为您的将军,便要在其位谋其政,做好我的本职工作。即使国君您,也不能打破军纪。

话音刚落,孙武便下令,将二人当众斩杀。其他宫女看到他连宠姬都敢杀,顿时噤若寒蝉。当孙武再次击鼓时,宫女们立即执行军令,丝毫不敢怠慢。

孙武很满意,他来到吴王阖闾面前汇报说,队伍已经训练完成,请大王检阅。

吴王阖闾被剜去两块心头肉,意兴阑珊地说:"我不想检阅了,散了吧。"

孙武长叹一声说:"原来您只喜欢我的兵法,并不想将它们付诸实践。"

伍子胥见缝插针，打圆场说："大王，兵者不祥，如果将领做不到令行禁止，杀伐果断，那如何领兵打仗？您向来有称霸中原之心，一直求贤若渴，如果没有孙武先生，吴军又怎能横渡淮河，飞越泗水，驰骋千里破楚呢？"

吴王阖闾爱美人，更爱江山。与霸主之位相比，两名宠姬的性命，似乎也没那么重要。于是孙武被任命为将军，当时吴王僚的两位弟弟正在楚国舒邑流亡，吴王阖闾下令孙武统率吴军攻打楚国边邑舒城❶，孙武旗开得胜，成功杀死流亡的二位公子。❷

随着孙武的加入，以吴王阖闾为核心的吴国第二十四代领导班子正式成立。在此后六年的光阴中，吴国将春秋的战争艺术，推至最高峰。

---

❶ 曾经的舒庸国故地，位于吴楚两国之间，此时已被楚国吞并。
❷ 《左传》只记载伍子胥率兵攻打舒城，对孙武没有相关记载。笔者则认为，《吴越春秋》的记载更能逻辑自洽。

10 柏举之战
——春秋战争的巅峰之作

公元前512年，吴军伐楚首战告捷，吴王阖闾异常兴奋，他准备推进下一步伐楚行动，不料遭到了孙武和伍子胥等人的反对。

据《吴越春秋》记载，孙武用了六个字劝谏吴王："民劳，未可，待之。"在孙武看来，吴国需要休养生息，如今并非全面伐楚的好时机，吴王仍需耐心等待。

在伍子胥看来，楚国权力臃肿，内政治理混乱不堪，权贵们尔虞我诈，彼此间存在难以协调的利益纷争。更重要的是，楚国疆域广博，军队调度不便。于是伍子胥为吴王阖闾提供了一个与"三驾疲楚"类似的战略，并取得了成效。

对此，《左传》这样记载："楚自昭王即位，无岁不有吴师。"也就是说，楚昭王即位后，到柏举之战以前，吴军每年都会出兵骚扰楚国。

伍子胥的疲楚战略极具针对性，如果我们将目光放在当时的春秋局势上，会对吴国疲楚战略有更深刻的理解。

公元前546年，中原诸侯国举行了第二次弭兵会盟，并达成了晋楚平分天下的共识，此后长达四十年的时间里，中原诸侯间没有发生大规模的混战。

凡事有利有弊，到了公元前512年，弭兵会盟带来的短暂和平已经进入尾声。在此期间，晋、楚、齐、秦四大春秋强国中有三个国家出现了明显的权力乱象。

晋国出现了国君被架空的局面，并出现了政治寡头。晋文公实行六卿制以后，晋国一共有十一个权贵氏族执掌过中军将之位，此时这十一个权贵已经消亡过半。而晋国作为春秋霸主，他们对中原的统治力也日益下降。

楚国作为另一位春秋霸主，他们也存在权力臃肿的弊病，楚王的权力难以得到保障，在弭兵会盟之后不到二十年的时间里，楚国发生了两次弑君事件。同样，弭兵会盟带来的短暂和平，也削弱了楚国对盟友的统治力。

齐国则在崔氏和庆氏的主宰下，内乱不断。随着崔氏与庆氏先后被灭，齐国的鲍、栾、高、田四大家族崛起，这为日后田氏代齐埋下了伏笔。

至此，春秋进入了一个表面平静、实则暗流涌动的时代，伍子胥提出的疲楚战略，准确无误地击中了楚国的命门。从楚国的反应分析，当时楚国君臣们依然将争霸的战略重心放在北方中原，而不是南方新兴崛起的吴国身上。

其中的原因，有着深刻的时代局限性。晋楚经过百年争霸，得中原者得天下成为诸侯们的共识，楚国的战略重心，依然放在中原地区。此外，吴国崛起的时间很短暂，这样楚国对吴国产生了战略误判，他们认为吴国不足以对楚国造成威胁。

还原史料，我们不难发现，吴军伐楚的规模，仅仅达到骚扰的程度。公元前512年以后，吴军分别攻打过楚国南部的夷地、潜地以及六地[1]，同

---

[1] 今安徽省境内。

时，吴军又出兵围攻楚国北部的弦地❶。

吴军这种小部队忽南忽北的打法，在楚人看来，仿佛四处乱撞的无头苍蝇。吴军则很好地贯彻了伍子胥敌进我退、敌进我退的战术方针，他们的每一次骚扰，都会令楚国非常难受，如果楚军调兵反击，吴军绝不恋战，立刻撤退；如果楚军不反击，吴军又会一步一步蚕食楚国的疆域。

同时，吴国地处偏远的东南，楚国若想集结军队大举东征，无疑会削弱楚国在北方部署的兵力，万一晋国趁机大举南下，楚国将面临更恶劣的局面。

一个人有思维惯性，一个国家也有。楚国对晋国的防备之心，要远大于其他诸侯。

以上种种原因，令楚国君臣做出了一个致命的误判，他们认为，吴国并没有大举进攻楚国的意图和实力。

天下风云际会，六年后，即公元前506年，二次弭兵会盟带来的和平，终于烟消云散。楚国的令尹子常借楚国之势，经常欺压蔡国和唐国。蔡昭侯忍无可忍，最终与楚国决裂。他北上求援，请求晋国出兵伐楚。

时任晋国中军将士鞅在收到蔡昭侯的请求后，于同年春天，联合周王室的重臣刘文公，召开了春秋历史上规模最大的会盟，一共有十八国诸侯参与其中❷，而会盟地点刚好在齐、楚曾经对决过的召陵。

此次召陵会盟盛况空前，仿佛是晋国霸业的回光返照。这次会盟有两个议题，一是废除晋楚双方在弭兵会盟中的盟约，从此晋国将是中原的唯

---

❶ 今河南省信阳市潢川县西南。

❷ 晋、齐、鲁、宋、蔡、卫、陈、郑、许、曹、莒、邾、顿、胡、滕、薛、杞、小邾共计十八国诸侯。

一合法霸主。这意味着，士鞅计划将春秋两强争霸的局面，推进到一超多强的时代。二是替蔡昭侯主持正义，讨伐楚国。

在会盟中，晋国荀寅趁机勒索蔡昭侯，却被对方当场拒绝。荀寅极不甘心，他找到士鞅说："我们晋国的霸业已是日暮西山，现在诸侯们却各怀鬼胎，对我们有二心。这种情况下，我们替蔡国出头招惹楚国，并没有什么好处。今年多雨，疟疾兴起，晋国身旁的中山国正蠢蠢欲动。如果我们抛弃弭兵会盟的和谈成果，不仅会得罪楚国，也会失去中山国的信任。退一步说，自从湛阪之战后，我们在楚国身上没有占到过便宜，出兵伐楚不过是劳民伤财，您不如辞谢蔡侯。"

当时晋国的内斗异常凶狠，荀寅所在的中行氏与士鞅所在的范氏家族组成牢靠的联盟，荀寅对士鞅来说非常重要。经过慎重的权衡利弊，士鞅认为不值得为蔡国而得罪荀寅，所以他同意了对方的请求。

可是晋国作为春秋霸主召集诸侯会盟，不能虎头蛇尾，最终士鞅指使蔡国讨伐没有参加会盟的沈国。

此前蔡国已经得罪了楚国，蔡昭侯不敢再得罪晋国。于是同年夏天，蔡昭侯出兵伐沈。不到一个月的时间，蔡军便攻破沈国国都，俘虏对方国君并将其押回蔡国。蔡昭侯下令杀死对方，至此，传承数百年的沈国，也消失在历史的长河中。

虽然楚昭王年仅十八岁，但他已经在位十年之久。楚昭王德行高尚，办事稳妥，堪称楚国的中兴之主，那说的是他三十岁以后，如今的楚昭王年轻气盛，血气方刚，他听说盟友沈国被灭，当场震怒。他认为，如果不狠狠地教训蔡国一顿，恐怕会对不起楚国的列祖列宗。

同年秋天，楚昭王挥师北上，兵困蔡国。

蔡国北上求援无果，国君蔡昭侯走投无路，只能求助与楚国纷争不断的吴国。蔡昭侯为了表示诚意，将自己的儿子公子乾以及一位蔡国重臣的儿子，送到吴国作为人质。

吴王阖闾在收到蔡国的求援请求后，召集伍子胥和孙武开会，并且询问："你们说六年前不是攻入楚国郢都的好机会，如今蔡国求援，你们怎么看？"

伍子胥与孙武回答说："我们对楚作战，本打算借胜利来成就吴国的威势。但我们此前伐楚的军事行动，大多取巧，并不能常胜。"

吴王当即说："继续说下去。"

二人说："楚军是天下劲旅，大王您现在让我们与楚军一决胜负，恐怕我们的胜算不超过一成，更何况大王还想攻入楚国的都城，此事连晋国都无法做到，即使吴国拼尽全力，也难如登天。"

吴王沉思片刻，依然不死心，他坚持说："尽管如此，我还是想再次兴兵伐楚，你们想一想对策吧。"

伍子胥和孙武见吴王决意如此，二人经过一番谋划，给出了一个可行的方案——若要兴兵伐楚，必须联合蔡国和唐国。因为楚国的令尹子常多次欺压这两个国家的国君，他们对楚国的积怨最大。

三年前，蔡昭侯觐见楚王时，随身带了两件漂亮的裘皮和两枚上等的玉佩，将其中一件裘皮和一枚玉佩献给了楚王。不料遭到了楚国令尹子常的嫉妒。令尹子常向蔡昭侯索要剩下的裘皮和玉佩，却被对方拒绝，于是他将蔡昭侯囚禁在楚国三年，直到今年才放对方回国。蔡昭侯回国时，将令尹子常求而不得的玉佩丢到水中，并且发誓，绝不再去楚国朝觐。

唐国国君也有过类似的经历，唐成公去楚国觐见时，曾带了两匹宝马，子常也想要，唐成公当场拒绝，子常同样将唐成公扣留在楚国。唐成公盛怒之下，决不妥协，双方耗了三年时间，最终唐国大臣派人请唐成公的随从喝酒，将看马的人灌醉，把马偷出来献给子常。唐成公这才被释放回国。

唐蔡两国国君对楚国恨之入骨，若是能联合他们伐楚，吴军或许会有一些胜算。

伍子胥与孙武的战略眼光极其高明，他们从召陵会盟的结果中推断晋国直接出兵的可能性不大，所以，他们选择与楚国有赤裸裸仇恨的唐国和蔡国，作为伐楚的盟国。

尽管这两个国家是小国，但他们地处楚国的侧背，战略地位很重要，如果把这两个国家作为伐楚的突破口，能取得意想不到的效果。

吴王听完二人的分析，顿时心潮澎湃，他立刻派使者前往唐、蔡两国结盟，联合两国一同出兵伐楚。

公元前506年初冬，吴王阖闾孤注一掷，他赌上吴国国运，亲率三万吴军精锐北上，缓缓拉开了柏举之战的序幕。

在罗琨先生与张永山先生合著的《中国军事通史》中，将柏举之战评价为自商周以来中国规模最大、战场最广、战线最长的战争，纵观整个春秋军事，柏举之战都可称为排名第一的经典战例，因为它是前所未有的大范围深远奇袭作战。放眼整个春秋，即使是晋、楚、齐、秦这四个一流强国，也没能想到，吴军仅用短短一个多月的时间，千里奔袭，凭借三万兵力以弱胜强，横扫二十万楚国强兵。

在柏举之战中，吴军将孙武的军事思想发挥到极致，他们全方位、综合性地运用了《孙子兵法》的精髓，比如"兵贵神速""出奇制胜""避实就虚""因粮于敌",这些军事思想在柏举之战中都有体现。

此外,《孙子兵法》中有一句脍炙人口的名言——凡战者,以正合,以奇胜。故善出奇者,无穷如天地,不竭如江海。这句名言出自《孙子兵法·兵势篇》。

千百年来,很多人对这句话有误解,他们将以正合,以奇胜中的"奇"字,理解为奇怪的奇,并且衍生出很多成语,例如守正出奇、出奇制胜,这些成语的意思大致是用对方意料不到的方法取得胜利。

然而,这句话的本意其实是在诠释一种排兵布阵的体系,"正"字指的是正面战场出战的兵力,以正合的本意,是正面战场不能有大溃败。"奇"字原本指预备部队或者机动部队,以奇胜的本意,则是指靠预备役取胜。

整句话的意思是正面拖住敌军主力,靠机动部队获得胜利。善于运用机动部队的人,手段像天地一样无休无尽,像沧海一样永不枯竭。

而出奇制胜则出于《孙子兵法》第一篇始计篇中,"兵者,诡道也""攻其不备,出其不意"。

回到柏举之战,战争初期的战况恰好符合以正合的条件。公元前506年秋天,楚昭王兵困蔡国都城,在双方僵持数月后,同年冬天,吴军与唐军分两路驰援蔡国。

蔡国守军成功地拖住楚军主力,达到了以正合的作战目的。一旦蔡军没有抵抗住楚军的攻势,他们的国都在吴国援军赶到前被攻破,届时楚军可以依城而守,甚至随着战事的推进,楚军有可能将援军各个击破。

如果将吴国、蔡国、唐国的军队看作一个整体,吴军和唐军便是蔡国的预备役,这两股援军及时加入战场,则达到了以奇胜的目的。

在整个柏举之战中，吴军自始至终贯彻了"兵贵神速"的作战思想。在战争初期，吴军北上时通过州来、居巢、钟离等战略要地，绕过大别山，潜入蔡国境内❶。随后，吴军水师沿淮水快速向西挺进，直抵淮水拐弯处❷，他们随后弃船登陆，从楚军的东侧发起突袭。

楚军万万没有想到，侧翼会受到攻击。为了避免陷入两面夹击的被动局面，楚军放弃兵困蔡国的战略，转而向南退守。

从吴国国都❸到蔡国国都上蔡的直线距离，超过六百千米，吴军在极短的时间内完成了行军任务，这是春秋战争史中前所未有的行军速度。吴军的高机动性充分诠释了孙武"兵贵神速"的作战思想。

随着楚军向南退守，吴军并没有做太多修整，他们以三千五百人的精锐部队为前锋，在唐蔡两军的指引下，迅速通过了大隧、直辕以及冥阨这三道汉东地区的关卡❹，直抵汉水东岸。

此行楚军伐蔡的主帅是贪得无厌的令尹子常，他因为吴军的突袭，一时慌了神，不知所措。楚军中的另一位高级将领左司马沈尹戌在分析战况后，提出了一个可行性计划。

沈尹戌向令尹子常提议说："吴军千里奔袭，不耐久战，令尹大人您作为统帅，率领楚军主力部队依托汉水防守，正面牵制吴军。我北上方城，调集那里的驻军，迅速前往淮水河畔，焚毁敌军水师的船舶，并且我会控制住大隧、直辕和冥阨三道关卡，随后再南下截断吴军的退路，如此

---

❶ 今河南省驻马店市新蔡县附近。
❷ 今河南省信阳市所辖光州市附近。
❸ 今江苏省苏州市境内。
❹ 三道关卡皆在今河南省信阳市南面。

一来，我们可以完成对吴军的包抄。"

十年前，楚军曾经将吴军围困于穷地，令尹子常与左司马沈尹戌正是统率楚军的将领之一。楚军兵力多达二十万，而来犯吴军仅有三万人。因此沈尹戌故技重施，他采取大范围迂回包抄的策略，以优势兵力将吴军围困在楚国。

此一时彼一时，此时吴军的统帅实力之强，堪称春秋翘楚。吴军准确地推断出沈尹戌的作战意图，他们没有恋战，而是让后续主力部队改变行军路线，借道小路，向柏举地区挺进。

柏举地处大别山南麓，此时此刻，这里属于吴国。吴军迂回行军到大别山后，他们背靠天险，避免落入敌军的包围圈中。

与此同时，吴军统帅又命令率先抵达汉水东岸的先锋部队且战且退，在保持与楚军接触的同时，逐步向柏举地区靠拢。

楚国兵力占有优势，一旦将兵力集结于一处，吴军难有胜算。不过吴军的机动性很高，他们的先锋部队且战且退，可以拉长楚军的战线，为主力部队创造出局部优势兵力的有利条件。

这是一种前所未有的作战思想，"避实就虚"的概念，颠覆了以往春秋战争的规则。

古今以少胜多的战例，大抵会有两个特点——要么是名将们的超常发挥，要么是敌方统帅愚蠢至极。

毫无疑问，令尹子常便是后者。

当时天气阴雨连绵，楚军的装备是皮制铠甲，而吴军则装备了木制铠甲。楚军将领们担心阴雨不停，久而久之会将皮甲泡软，令楚军陷入不利局面，于是将领们向令尹子常提出迅速解决战斗的建议。同时，楚大夫史皇向令尹子常提出了另一个建议，他说："令尹大人，楚国百姓对您的印象不好，但他们很爱戴沈司马，如果按照原计划，沈司马在淮水将吴军船只焚毁，又回师堵住大隧、直辕和冥阨三道关口，他将会独享战功。这会影响您在楚国中的地位。我建议您最好在此之前，尽快追击吴军，以免战功落入他人之手。"

史皇的这番话，是楚国权力臃肿的真实写照，如今国难当头，楚国权贵们依然考虑着自身的权势。令尹子常是楚国本土贵族，而左司马沈尹戌曾有去吴国为臣的经历。两人分属不同阵营，以往多有明争暗斗，如果沈尹戌抢夺战机，势必会削弱令尹子常的权势。

更重要的是，令尹子常手中掌握着楚军主力，而吴军仅有三万人，楚军拥有明显的兵力优势。因此，令尹子常做出了一个致命的决定——在楚军左司马沈尹戌完成包抄前，他放弃了既定战略，决定亲率楚军主力，渡过汉水，追击吴军。

可是兵力并非决定战争结果的唯一因素。相同条件下，部队的机动性与人数成反比，兵力越多，机动性越差，兵力越少，机动性越强。在吴王阖闾赌上国运的这一战中，他们抛弃了粮草辎重，采取"因粮于敌"的补给对策。

吴军所过之处，犹如蝗虫过境，依靠劫掠完成补给，将机动性发挥到极致。令尹子常虽然重兵在手，但行军速度拖沓，在追击过程中，楚军的战线不可避免地被进一步拉长。

吴军凭借"兵贵神速"的高机动性，彻底撕裂了楚国东北方向的防线，楚军在这种前所未有的战术面前，显得举足无措，他们仿佛一块被放在砧板上的巨大肥肉，被一把锋利的刀不停地切割。纵然楚军投入兵力多达二十万，也始终没能集结于一处。

令尹子常率军渡过汉水后，吴军依然且战且退，在小别山至大别山的撤退途中，吴军数次抓住战机，在局部地区形成优势兵力后，反击楚军，并取得了三战三捷的战绩。

令尹子常锲而不舍，双方你追我赶，在公元前506年十一月十九日，对峙于柏举❶。

当日清晨，吴王阖闾的弟弟公子夫概前来请战，他准备以麾下五千精兵突袭令尹子常的部队。夫概认为，一旦敌军统帅落败，楚军必然阵脚大乱，届时吴军全军出击，将会大获全胜。

兵力处于劣势时，分兵突袭是一个很冒险的策略，吴王阖闾当场拒绝了夫概的提议。可是夫概回到营中，心有不甘。他思来想去，对部将说："既然事有可为，我身为臣子，应该见机行事，不必等待命令。现在我要发动进攻，不惜性命，也要打败楚军，攻入郢都。"

最终夫概一意孤行，他率领五千部下，向令尹子常驻扎的军营发动突袭。在这场出人意料的进攻中，夫概的部队作战异常凶猛，有一种不死不休的气势。令尹子常不仅贪婪成性，更加贪生怕死。他被吴军的气势震慑，准备不战而逃。

史皇察觉不对，他拦住对方呵斥说："楚国太平时，你占据令尹之位作威作福，如今国难当头，你唯有以身殉国，才能弥补你犯下的罪过。"

令尹子常不顾史皇的劝阻，连夜逃往郑国。主将临阵脱逃，楚军士气跌落，顷刻间阵脚大乱。战场军情瞬息万变，吴军发现有机可乘，立刻全

---

❶ 今湖北省黄冈市所辖麻城市境内。

军出击，至此，战局急转直下，朝着不利于楚军的方向发展。

史皇只能组织残兵败将继续抵抗，可惜他有心杀敌，无力回天。最终史皇力战而死，残部四下逃窜，楚军惨败于柏举战场。

战后，楚军残部向西面郢都方向溃逃，吴军则乘胜衔尾追击，并在柏举西南的清发水❶追上楚军。吴王阖闾准备立即展开攻击，夫概提议，吴军应该半渡而击。楚军残部见吴军并没有进攻，他们急于求生，争相渡河。在他们半渡之时，吴军忽然发动攻击，大破楚军残部，将半数楚军俘虏。

渡过清发水的楚军残部逃窜至雍澨❷，他们正埋锅造饭时，夫概率领的吴军先锋部队追击而至，楚军残部仓皇而逃。夫概下令吴军吃掉楚军煮好的饭菜，继续追击，再次重创饥寒交迫的楚军残部。

左司马沈尹戍在息县调动兵马时，收到了令尹子常麾下主力溃败的消息。巨厦将倾，独木难支，即使沈尹戍率兵回援，也难以扭转战局。可国难当头，他身为将领，自当马革裹尸沙场还。于是沈尹戍义无反顾地率援军奔赴前线。

夫概统领的吴军先锋部队猝不及防，被沈尹戍的援军一举挫败。吴军主力抵达战场后，迅速完成了对沈尹戍的包围。

沈尹戍陷入绝境，率军数次突围，都以失败而告终，他也在作战中身负重伤。沈尹戍意识到在劫难逃，他召集部下吩咐说："我曾在吴国为臣，所以宁死也不愿成为吴军的俘虏。你们谁可以保证，我的头颅不落入敌人手中？"

---

❶ 今湖北省安陆市境内涢水流域。
❷ 今湖北省荆门市所辖京山市境内。

部下中一个名为句卑的将领站出来说："沈将军，如果您不嫌弃末将身份卑微，我愿担此重任。"

沈尹戌看到句卑，不由得感慨万千，他仰天长叹，郑重地对句卑说："我从前没能重视你，这是我的错。现在我的身后事，便拜托你了。"

说完，沈尹戌再次上阵杀敌，与吴军血战。两军短兵相接，沈尹戌连打三场硬仗，可惜强弩之末，势不能穿鲁缟。沈尹戌将死之际，对句卑嘱托道，剩下的事，拜托你了。

沈尹戌说完气绝当场。沈尹戌一腔孤勇赴国难，写下了一首激荡的乱世悲歌。

句卑含泪将身上的战袍铺在地上，用刀割下沈尹戌的头颅，包裹妥当后，将沈尹戌的遗体掩埋，拼死完成自己的承诺。

柏举之战考证参见附录4仅仅十天后，即公元前506年十一月二十八日，吴军势如劈竹，兵锋直抵楚国郢都城下。

11 郢都沦陷
——前无古人的楚国悲歌

公元前506年十一月二十八日，吴军兵临楚国郢都城下。楚昭王这时得知令尹子常的所作所为，怒火攻心，当众大骂道："令尹子常是个误国奸臣，他居然有脸苟且偷生。他即使死了，猪狗都不愿意吃他的肉。"

年轻的楚昭王无力回天，吴军已经撕裂了楚军防线，沈尹戌战死，楚军也无法在短期内集结。楚昭王没有与郢都共存亡，他与妹妹弃城而逃，前往郧地❶避难。

当年楚平王篡位时，斗成然功不可没，后来楚平王将他封为令尹，斗成然便成为若敖氏的中兴之主。斗成然后来与楚国贵族养氏❷勾结，日益贪得无厌，楚平王震怒，杀了斗成然，并灭了养氏一族。但楚平王念及旧情，将斗成然之子斗辛则封在郧地。

楚昭王此次正是为投奔斗辛而去。

楚王弃城而逃，郢都守军斗志全无。吴军仅用一天时间，便攻破了郢都城门。伍子胥入城后，听说楚昭王已经逃跑，气急败坏，立刻派吴军四

---

❶ 今地应在湖北省十堰市境内。
❷ 养氏为养由基的后代。

11 郢都沦陷——前无古人的楚国悲歌

处搜捕。

楚昭王一行人乘船从睢水行至长江，又借长江逃到云梦泽。❶数日来，楚昭王一行人提心吊胆，疲于奔命，而云梦泽烟波浩渺，一时间难以渡过，因此众人停舟止行，在岸边休息。

屋漏偏逢连夜雨，当地的强盗看见他们船只精美，衣着华贵，不由得萌生抢劫的念头。强盗们冲上船只，挥舞长戈砍向楚昭王。随楚昭王流亡的大夫眼疾手快，帮助他挡过致命一击。楚昭王惊魂未定，连夜向郧地逃窜。

众人历经磨难，终于抵达郧地。斗氏族长兼郧地县尹斗辛很高兴，他安排众人住下，等待时机成熟，便护送楚昭王回郢都。

可是斗辛的弟弟斗怀对楚王恨之入骨，他找到大哥质问："先王是杀死父亲的仇人，如今楚王寻求斗氏的庇护，这正是我们报仇的良机。"

斗辛反对说："楚平王是君，父亲是臣，君要臣死，臣不得不死。如今即使楚王落难，我们也不能杀他，那是弑君之罪，会被诛灭九族。斗氏后人被诛杀，无人为祖宗祭祀，这又是不孝。所以我们绝不能弑君。"

斗怀心中意难平，他计划暗中对楚昭王下手。斗辛察觉到情况有异，便率人护送楚昭王前往随国避难。

---

❶ 云梦泽又称云梦大泽，是中国湖北省江汉平原上的古代湖泊群的总称。先秦时这一湖群以长江为界，周长约450千米。后因长江和汉水带来的泥沙不断沉积，汉江三角洲不断伸展，云梦泽范围逐渐减小。魏晋南北朝时期已缩小一半，唐宋时解体为星罗棋布的小湖群。此后有的小湖逐渐淤平，有的则有扩展，洪湖便是在清代中叶以后迅速扩展成的大湖。如今云梦泽已经消退为一些相互分离的湖泊。

吴军探子也发现了楚昭王的行踪，他们追到随国要人。吴国使臣对随国国君说："当年周天子将姬姓诸侯国封在汉水流域，随国乃是汉阳诸姬之首，如今汉阳地区，又剩几个姬姓诸侯国呢？这血海深仇不能不报。吴国祖上同为姬姓，我们愿为姬姓诸侯报仇，随国又何苦包庇楚王？"

随国国君不仅有些心动，然而，自从楚武王崛起后，经过漫长的两百年光阴，中原局势早已沧海桑田，随国为谋求生存，成为楚国的附庸。随国国君不知道如何抉择，只好请祭祀前来，为此事进行占卜。

占卜的卦象预示，随国不能将楚昭王交给吴国。随国国君顺应天命，婉言拒绝吴国的请求，他对使臣说："随国不比当年，如今随国的国土狭小偏僻，又邻近楚国，楚国确实护佑了我们的安全。正因如此，随、楚两国的盟约至今未改。若随国趁楚国有难而背信弃义，我们又如何投靠吴国？吴王又如何信任我们？如果吴王能平定楚国，那只要吴王吩咐，我们自会将楚王双手奉上。"

正当吴军威逼随国时，与楚昭王一同流亡的楚人不甘坐以待毙，他们想出了另一个对策。楚国大夫子期是楚昭王的哥哥，他们兄弟二人容貌相似。于是大夫子期想出一个李代桃僵的计策，他派家臣炉金前去与随国国君商议，如果吴军逼迫得太紧，众人便用大夫子期冒充楚王，交给对方。❶

随国最终顶住压力，成功救下楚昭王等人。楚昭王事后得知炉金的

---

❶ 《吴越春秋》中的记载则不同，书中描述，楚大夫子期偷偷与吴军勾结，想要出卖楚昭王。楚昭王得到风声，逃过一命。等楚人化险为夷后，楚昭王取了大夫子期的心前血，与随国国君订立盟约，而后离开。取心前血的行为，在《左传》中又被称作割心，表示上位者接受了下位者献上的忠心。既然楚昭王取了大夫子期的心前血，意味着大夫子期没有背叛，所以，《吴越春秋》的记载逻辑上不通，笔者倾向于《左传》的记载。

⑪ 郢都沦陷——前无古人的楚国悲歌

所作所为,感动不已,他特赐炉金以王臣的身份,前去与随国国君订立盟约。

从家臣到王臣的身份改变,意味着炉金的地位提升。但炉金郑重地推辞说:"我本是大夫子期的家臣,不敢趁楚王困窘之际,谋求自身的利益,请您不要派我前去盟约。"

楚昭王深感炉金的忠诚,他同意了对方的请求。楚昭王取下大夫子期的心前血,与随国国君订立了盟约。❶

在楚昭王逃亡的第二天,郢都沦陷。吴军入城后,他们按照地位高低,霸占了楚国统治者们的府邸。吴王阖闾入住王宫,吴王之子子山入住令尹府,吴王的弟弟夫概不服,他认为自己在柏举之战中居功至伟,而侄子没有资格入住令尹府,于是夫概派兵攻打对方。子山不敢与叔叔争锋,他立刻搬出府邸,夫概则如愿以偿取而代之。

伍子胥率领吴军破楚,却没能活捉楚昭王,他心有不甘,于是派人挖开楚平王的坟墓,拖出尸骨,鞭打了三百下,方才住手。**考证参见附录5**

楚国大夫申包胥听说后,愤怒异常,他派人谴责伍子胥说:"你曾是楚平王的臣子,却鞭打他的尸体,你不怕遭天谴吗?"

申包胥当年对伍子胥有恩。伍子胥流亡时,申包胥不忍心对方含冤而死,便放伍子胥一条生路。伍子胥向对方发誓说,他一定要颠覆楚国。申包胥也发誓说,如果真有那一日,他也会力保楚国的江山社稷。

伍子胥听完使者的话,不由得想起往日种种,他对使者说:"请您替我向申包胥道歉。我年事已高,即将日落西山,而前方的路途,依然遥

---

❶ 《左传·定公四年》:"王割子期之心,以与随人盟。"

远。我等不及，才会做出倒行逆施的事情。"❶

申包胥没有与伍子胥争辩，此时他的肩上有更重的责任，申包胥要兑现当日的誓言——力保楚国江山社稷。

---

❶ 《史记·伍子胥列传》："为我谢申包胥曰，吾日暮途远，吾故倒行而逆施之。"成语"日暮途远"与"倒行逆施"便出自此处。

12 申包胥哭秦庭
——楚国的反击

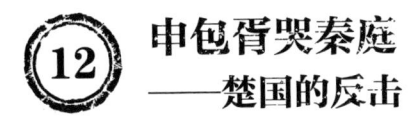

楚军战败，郢都沦陷，放眼中原，有实力拯救楚国的诸侯，唯有晋、齐、秦三个国家。晋楚争霸多年，晋国绝不会出兵帮助楚国，而齐、楚两国彼此利用，没人能断定，齐国是否会出兵相助。而秦、楚两国多年联合对抗晋国，他们世代联姻，楚昭王的母亲，便是秦景公之女，而时任秦国国君秦哀公，便是楚昭王的亲舅舅。

因此，申包胥快马加鞭，直奔秦都雍城，他拜见秦哀公时，痛哭流涕道："吴国是如同野猪和毒蛇一样的国家，他们一次又一次吞噬中原国家，楚国邻近吴国，最先受到侵害。楚王没能守住国门，他派我向秦国告急求救。楚王说，吴人贪心不足，一旦楚国被灭，吴国成为您的邻邦，恐怕您的国境也会受到侵害。希望您能在吴国灭楚前，尽快出兵占领一部分土地。如果楚国就此灭亡，这部分土地将成为秦国领土。如果楚国仰仗秦国度过灭顶之灾，楚国愿成为秦国附庸，世世代代侍奉秦国。"

申包胥求援的话术很高明，他动之以情，晓之以理，诱之以利。字里行间中，处处为秦国考虑，逻辑性非常强。秦国出兵援楚，似乎有百利而无一害。

吴国在柏举之战中展现出来的战力，令世人为之侧目。他们在不足两个月的时间内，迂回千里，大破二十万楚军，攻陷郢都。秦军与吴军对阵沙场，也没有必胜的把握。

秦哀公没有答复申包胥，事后，他派人委婉地通知申包胥说："寡人知道您的请求了，您别急，先在秦国休息，等寡人与群臣商议后，再答复您。"

很多事情，没有明确的同意，往往意味着拒绝。申包胥等不及，他回答说："楚王正在外流亡，尚无安身立命之地，我哪里敢休息？"

申包胥虽然心急如焚，可秦哀公迟迟不肯同意出兵援助。申包胥在秦国的宫殿内号啕大哭七日，据说他哭得七窍流血。秦哀公被他的忠诚感动，在秦庭上为申包胥朗诵了一首名为《无衣》❶的诗歌，并同意出兵与楚国并肩作战。

申包胥感动至深，当众向秦哀公磕头九次。❷

从郢都沦陷，到申包胥哭秦庭，再到秦师援楚，楚国山河破碎之际，这一首《无衣》，仿佛是一首战歌，令人激昂振奋。

公元前505年六月，战局开始扭转。

秦国大夫子蒲与大夫子虎统率五百兵车秦军援楚。几乎与此同时，越王允常趁吴军远征在外的机会，出兵攻打吴国。❸

---

❶ 《无衣》收录于《诗经·秦风》中，原文为"岂曰无衣？与子同袍。王于兴师，修我戈矛，与子同仇！岂曰无衣？与子同泽。王于兴师，修我矛戟，与子偕作！岂曰无衣？与子同裳。王于兴师，修我甲兵，与子偕行！"《无衣》应当是一首战歌。全诗充满了激昂慷慨、豪迈乐观及热情互助的精神，表现出同仇敌忾、舍生忘死、英勇抗敌、保卫家园的勇气。诗中展现了矫健而爽朗的风格，是秦人爱国主义精神的反映。

❷ 《左传·定公四年》："立依于庭墙而哭，日夜不绝声，勺饮不入口，七日，秦哀公为之赋《无衣》，九顿首而坐，秦师乃出。"

❸ 《左传》和《吴越春秋》都对越国出兵一笔带过。与之相对应，史官们花费大量笔墨描述秦师救楚的过程，以此推测，秦师救楚对楚国复国的作用更大。

12 申包胥哭秦庭——楚国的反击

秦军的统帅很聪明，他们对楚人说，秦军远道而来，没有与吴军交手的经验，不了解对方的战术。请楚军先与吴军交战，秦军将作为后援部队，与楚军会合。

楚国有求于人，他们如同砧板上的鱼肉，别无选择。于是楚军组织剩余部队，与吴军将领夫概交手。

秦军探清吴军虚实后没有食言，依照约定投入战场。夫概措手不及，顷刻间吴军被打得大败。

一个月后，秦、楚联军与吴军主力对峙，战事进行到这个阶段，局势开始发生逆转，即使吴军拥有孙武、伍子胥这些千古名将，也无法扭转战局的走势。

楚国底蕴毕竟强于吴国。吴国举全国之力，也只派出三万兵马。虽然吴军依靠战略战术取得了柏举之战的胜利，但这是战役上的胜利，而不是吴楚之间全面战争的胜利。

吴军为了保持高机动性，采取"因粮于敌"的策略，放弃了补给辎重。这种策略爆发力很强，但最大的缺点在于不耐久战。

吴军在公元前506年冬天出兵伐楚，此时已经是505年七月。高强度作战后，在漫长的时间中，吴军无法得到有效的休整，这让他们成为一支疲惫之师。

楚军此前虽然战败，但仍有不少军队残存，更何况秦军出动五百兵车来援。此消彼长下，吴军的兵力劣势越发明显。

此外，吴国伐楚是一场入侵战争，而楚人反抗则是卫国战争，两军的战争意愿截然不同。当战争进行到僵持阶段，楚军无疑会占据更大的优势。

吴军的统帅们意识到局势的变化，他们的对手同样也意识到了。此时楚军展现了春秋强国应有的军事素养，他们没有贸然出击，而是偷偷分兵讨伐唐国，并将唐国灭国。与此同时，楚军紧紧咬住吴军，进一步拖延时间。

随着时间的推移，吴军越来越被动，然而伍子胥却被仇恨冲昏了头脑，他不肯放弃搜捕楚昭王，继续率领吴军滞留在楚国。

又过了两个月，量变引起质变，吴军内部出现了严重的分化，吴王阖闾的弟弟夫概偷偷跑回国，自立为王。

夫概为人桀骜不驯，常常目中无人。他在柏举之战中有自作主张的行为，在郢都沦陷后，又有强占令尹府的举动，他忽然发动政变，并不令人意外。

可是夫概自立为王之事，刚好触碰了吴王阖闾的逆鳞。当年吴王阖闾便是趁吴军远征楚国的机会，弑君篡位。如今吴楚之间战事胶着，夫概的所作所为，是吴王阖闾无法容忍的。

吴王阖闾当即率领亲兵回国平乱，夫概得知消息后落荒而逃，立刻投奔楚国，寻求庇护。

吴军本身兵力处于劣势，经过这番波折，留在楚国的兵力更是捉襟见肘，伍子胥、孙武和伯嚭三人与楚军拼死一搏，不出所料，被亲楚联军击败。

楚军得势不饶人，很快组织了第二次攻势，以火攻的方式，进攻吴军，吴军再次战败。

如今大势已去，伍子胥再恨楚昭王，他也已经清醒。伍子胥与孙武、伯嚭二人商议说："尽管楚军取胜，但吴王已经率主力回国，我们可以接受眼下的一切。"

12 申包胥哭秦庭——楚国的反击

这是伍子胥为战败找的托辞，孙武和伯嚭没有点破。孙武劝说道："我们凭借精兵攻破楚国国都，逼迫楚王落荒而逃，又将楚平王掘墓鞭尸，您的大仇得报，可以撤兵了。"

伍子胥顺势回答说："自从诸侯称霸以来，没有任何一个臣子像我这样报仇，事到如今，撤兵回国吧。"

如此一来，为期接近一年的柏举之战，才彻底宣告结束。

回望千年，吴国统一天下的契机，便是这次举世震惊的柏举之战。后人们从中国军事地理的角度出发，可以对此有一个清晰的复盘。

吴国若想统一天下，必须将荆楚和东南两块战略要地掌握在手中，也就是吴国需要统一长江流域，才能够高枕无忧地向北进军，争夺天下。

吴军在柏举之战中，以闪电战的方式，攻破了楚国郢都，可对吴国来说，楚国是一个庞然大物，他们需要时间，才能彻底消化并吞并楚国。与此同时，越国则在吴国的后方蠢蠢欲动，吴国侵占了越国很多土地，越王一直对吴国心怀不满，在吴军讨伐楚国时，越王允常便出兵伐吴。所以越国仿佛是一颗定时炸弹，时时刻刻威胁着吴国。

在柏举之战时，吴王阖闾面临的战略形势，与集庆建制时期的朱元璋非常相像。

纵观上下五千年，群雄统一天下的路径，大多是由北向南。明朝则是一个特殊的例子。朱元璋统一天下的第一步，与吴王阖闾如出一辙。朱元璋在集庆❶建制后，长江上游有陈友谅，下游有张士诚。他们之间的战略关系，与楚国、吴国、越国很相似。

---

❶ 今江苏省南京市。此地距离吴国都城苏州古城不远。

朱元璋先是擒杀陈友谅，统一湖广，后蚕食张士诚，统一江南。当时朱元璋的势力东连沧海，西抵三峡，南有湖湘，北有两淮，将整个长江流域收入囊中。紧接着，朱元璋又平定浙江南部和福建、两广地区，将中国南方版图收入囊中。此时朱元璋才与元朝大决战，他先攻打山东，再伐河南，取得元大都后，朱元璋又西征三晋大地和关中，最终完成了统一。

如果将朱元璋的统一路线套用在吴国身上，吴王阖闾先伐楚，彻底吞并楚国后，再平定越国，以此统一长江流域。随后向齐、鲁两国的山东进军，再攻下郑、宋两国的中原核心地带，向北扫除燕国的威胁，最后西征晋国的山西和秦国的关中，从此统一天下。

尽管柏举之战是吴国的高光时刻，可惜他们自身沉淀不足，而申包胥哭秦庭又带来援兵相助，吴国无法吞并楚国，这意味着吴国错过了统一天下的契机。

可惜历史没有假设，而历史的客观规律，又总会让人感觉冰冷。无论如何，柏举之战都堪称春秋战争史上的巅峰之作，它为后世的战争艺术，打开了新世界的大门。

13 楚国迁都
——吴军一骑绝尘的写照

秦楚联军在战场上节节胜利,吴军大势已去,伍子胥只能接受现实,率兵回国。

吴王阖庐亲自下厨准备宴席,为伍子胥接风洗尘。君臣二人相见后百感交集,此次吴军伐楚,在战场上大获全胜,在战略上未竟全功,留下了不小的遗憾。

吴王阖闾亡楚之心不死,他将国都西面的阊门改名为破楚门,期待着伐楚大业有朝一日功成名就。

仅仅一年后,即公元前504年,初夏时分,吴王阖闾派太子终累统率水师逆流而上,攻打楚国。楚国元气大伤,尚未恢复,再次不敌吴军。同年四月十五日,两军交战,太子终累大胜楚军水师,并俘虏了七名楚国大夫。

战报传回郢都,楚国君臣人心惶惶。他们一年前借助秦军之力,刚刚成功驱逐吴军,不料吴军卷土重来,这让楚国不胜其烦。

楚昭王不愿放纵吴军,他命大夫子期率陆军与吴军开战[1]。不久后,两

---

[1] 此时任用大夫子期,可见楚昭王非常信任对方,这也印证了,大夫子期没有背叛过楚昭王。

军在繁扬①交战。

这一战，楚军展现了不屈不挠、越挫越勇的精神面貌，却毫无作用。吴军在《孙子兵法》的指导下，已经成为时代强军，他们在繁扬再次击败楚军。

楚军在柏举之战中惨败，如今水陆两军又被吴国太子终累击败，这使楚国君臣的心里蒙上了厚厚的阴影。楚昭王召集群臣商议对策。众人却一筹莫展，始终想不出十全十美的对策。终于，有人提出了一个权宜之计，那便是迁都。

吴军的水师独霸天下，无论是柏举之战，还是太子终累伐楚，吴军都采用了相同的战术，即依靠水师逆流而上，在合适的地点登陆后，以吴军高机动性迅速穿插，撕裂楚军防线。这个战术有致命的弱点，吴军的辎重补给极少，他们只能依靠掠夺补给，这意味着吴军不耐久战。

当时楚国郢都在湖北省荆州市附近，荆州位于长江中游，而吴国都城苏州古城位于长江下游。吴军可以沿长江逆流而上，随时骚扰楚国。一旦楚军追击，吴军又可以乘船顺流而下，快速撤离。

楚昭王采纳了迁都的建议，他将楚国国都迁往鄀都。鄀都位于汉水河畔，在荆山和大洪山之间，这里属于鄂北地区，距离长江口岸有数百里。楚国迁都的本质，是加大战略纵深，以对抗吴军的骚扰。

依照楚国的习俗，无论国都位于哪里，都称作郢，因此国都依然被称

---

① 繁扬即繁阳，位于今天河南省驻马店市新蔡县北韩集镇境内。

13 楚国迁都——吴军一骑绝尘的写照

为郢都。后世为了区别楚国不同时期的国都，也将都城称作都郢。❶

虽然吴王阖闾依然不忘伐楚，可瘦死的骆驼比马大，吴国崛起的时间终究太短，楚国开始重视吴国后，吴国很难再效仿柏举之战，突袭楚国。

所以，自从楚国迁都后，史书中再也没有吴王阖闾伐楚的记载。

时代发展到这里，吴楚争霸缓缓落下了帷幕，春秋时代最后一场称霸，即将上演。

---

❶ 《左传·定公六年》："四月己丑，吴大子终累败楚舟师，获潘子臣、小惟子及大夫七人。楚国大惕，惧亡。子期又以陵师败于繁扬。令尹子西喜曰：'乃今可为矣。'于是乎迁郢于鄀，而改纪其政，以定楚国。""舟师"即为水师，"陵师"即为陆军。

14 槜李之战
——吴越争霸的起点

公元前496年，越王允常去世，年轻的勾践即位，成为新一任越王。

越国在柏举之战时，曾经出兵偷袭吴国，这让吴王阖闾萌生了伐越的念头。吴国向来喜欢趁其他国家国丧之时，出兵征伐。于是在越国治丧期间，吴王阖闾兴兵伐越。

越王勾践以哀兵的姿态，举全国之力，集结军队北上抵抗。两军最终在槜李❶相遇。

烈日下，旷野上一望无际的衰草，随着呜咽的风翻滚起一波又一波巨浪。草虫蝉鸣，渲染了沙场萧杀的气息。

越王勾践望着军容鼎盛的吴军，心中十分忧虑，他派出两拨敢死队冲锋，都被吴军俘虏。越王勾践做事不择手段，他为了取胜，做出了惊人的决定，他下令将越军中的死囚排成三排，作为第三拨敢死队向前冲锋。这群人冲到吴军阵前时，忽然止住步伐，他们整齐划一地将剑架在各自的脖颈上，高声呼喊说："两国交战，我们因为触犯军令，不配做军人，唯有以死谢罪。"

说完，这些死囚在吴军阵前引刀自刎。

吴军征战沙场多年，从未见过这样震撼的场面。春秋时代没有职业军

---

❶ 今浙江省嘉兴市境内。

14 槜李之战——吴越争霸的起点

人,上阵杀敌的士兵们,大多是平民。生而为人,总会有恻隐之心。越军制造的血腥场面,极大地打击了吴军的士气,越王勾践抓住机会,下令全军出击。吴军应对不及,大败而归。这一战,史称槜李之战。❶

在战乱中,越国大夫灵姑浮用长戈割伤了吴王阖闾的脚趾,又得到了对方的一只鞋子。吴王阖闾在退兵途中,撤退到距离槜李仅七里的陉地时,不治身亡。❷

吴王阖闾之死疑点重重,根据史书记载,吴王阖闾伤在脚趾,并不致命,可是吴军仅仅撤退七里,他便死亡,这不符合医学常识。

春秋时的一里大致相当于今天的四百米,七里地不足三千米,这个距离,步行三十分钟就可以走完。以吴王阖闾的伤势,他绝不会在这么短的时间内丧命。

因此,吴王阖闾之死有两个最大的可能,第一种可能是越王勾践在战前命人将兵器涂上剧毒,吴王阖闾受伤后,伤势急速恶化,在极短的时间内毒发身亡。

第二种可能或许与吴国权力斗争密不可分。说到这里,需要明确一个问题,吴国的太子究竟是谁?

《左传》记载,吴国太子是终累。而《吴越春秋》记载,吴国太子是太子波。按照《吴越春秋》的描述,柏举之战结束后不久,太子波患病去

---

❶ 《左传·定公十四年》:"吴伐越。越子勾践御之,陈于槜李。勾践患吴之整也,使死士再禽焉,不动。使罪人三行,属剑于颈,而辞曰:'二君有治,臣奸旗鼓,不敏于君之行前,不敢逃刑,敢归死。'遂自刭也。师属之目,越子因而伐之,大败之。"

❷ 《左传·定公十四年》:"灵姑浮以戈击阖庐,阖庐伤将指,取其一屦。还卒于陉,去槜李七里。"

世，他的儿子夫差知道伍子胥是吴王阖闾最器重的臣子，于是夫差日日恳求伍子胥，希望对方在吴王面前美言几句。

不久后，吴王阖闾果然召见伍子胥入宫，商议立太子之事。伍子胥顺势向对方推荐夫差，吴王阖闾却摇头说："夫差愚笨而不仁义，恐怕不能继承吴国的大业。"[1]

伍子胥继续劝说道："夫差诚实而爱民，平日恪守礼仪。况且父死子代，天经地义，夫差是最合适的人选。"

最终吴王阖闾听从了伍子胥的建议，立夫差为储君。

按照《吴越春秋》的记载，夫差是吴国太子之子，即吴王阖闾的嫡孙。但从年纪推断，这种可能性微乎其微。

夫差死于公元前473年，去世时五十五岁左右，据此推断，夫差应该生于公元前528年前后，而吴王阖闾在公元前514年弑君篡位时，年纪在三十岁左右，因此，吴王阖闾应该生于公元前544年左右。两人年纪差距在二十岁以内，所以他们是父子关系。

所以，《吴越春秋》中提到的太子波，极有可能是一个虚构的人物。吴国真正的太子，应该是太子终累。

太子终累为吴国伐楚立下了赫赫战功，他一战挫败楚国水陆两军，并逼迫楚国迁都鄀城，可是这样一个人物，却在历史中莫名消失，这件事值得深后人深思。

吴王阖闾死后，夫差即位。很快，吴王夫差提拔伯嚭担任太宰一职，这个职位相当于后世的宰相，位列吴国群臣之首。与此同时，伍子胥失

---

[1]《吴越春秋·阖闾内传》："夫愚而不仁，恐不能奉统于吴国。"

宠，吴王夫差命令伍子胥与孙吴二人整备军队，蓄势报仇。

吴王夫差也曾命人站在吴国朝堂前，只要他进入大门，殿前之人便会指名道姓大声问他："夫差，难道你忘记了越王勾践杀死你父亲的事情吗？"

吴王夫差听完，便会大声说："我绝不敢忘记。"

如果这个记载真实，那么吴王夫差应该很想报杀父之仇。

而《越绝书》记载，吴军在槜李之战中伤亡惨重，他们败退回国后，伍子胥非常自责，他疏远妻子、儿女，废寝忘食地想向越国复仇。

伍子胥这样的有功忠臣，目标又与吴王夫差一致，可他却一夜之间失宠，这也不符合逻辑。

更不符合逻辑的是，槜李之战结束后三年，吴王夫差始终没有发兵攻打越国，这些事情的背后，似乎隐藏着后人无法知晓的事实。

如果吴王阖闾之死，源于夫差弑君篡位，那么史料中记载的种种不合理，也会合乎逻辑。

至于真相究竟是什么，只能期待更多的考古发现去论证。无论如何，槜李之战影响深远，它拉开了吴越争霸的序幕。

15 夫椒之战
——越王勾践入吴为奴

槜李之战结束后的第三年,越王勾践谋划主动出兵,北上讨伐吴国。越国大夫范蠡劝谏说,吴国强盛,越军轻启战端,恐怕会得不偿失。

越王勾践没有听从范蠡的劝谏,他一意孤行,兴兵北上,兵锋直指吴国都城附近的夫椒。❶

吴王夫差面对来犯敌军,下令吴军水师精锐出战。自古以来,吴越地区的水师雄冠天下,吴军实力远胜对方。双方在夫椒大战一场,吴军大获全胜,重创越军。❷

越王勾践只能率领仅剩的五千残兵,朝会稽山❸方向逃窜。吴王夫差乘胜追击,率大军将越军五千人围困于会稽山。

此时越王勾践追悔莫及,他连忙请来大夫范蠡询问道:"先生,我当初没能听从您的劝谏,才落得今日的下场,我已经知道错了,您如今有何对策?"

范蠡回答说:"越国无路可走,您只能准备厚礼,向吴军乞和。如果

---

❶ 今江苏省苏州市西南面太湖中的椒山。椒山是一个湖心岛,从越军的行军路线推测,当时夫椒应该与陆地相连。

❷ 吴军占据优势,吴王夫差却在长达三年的时间里,没有替父报仇,这也是不合逻辑之处。

❸ 今浙江省绍兴市北部。

15 夫椒之战——越王勾践入吴为奴

吴王不同意和谈,您便举国降吴,一生追随吴王。"

越王勾践听完,愣在当场。当时越国危在旦夕,想要活下去,似乎只有投降一条路可走。就在此时,春秋第一毒士文种,登上了历史舞台。

文种是一个典型的阴谋家,他敏锐地察觉到吴国的政局变化。文种发现,吴王夫差即位后,扶持太宰伯嚭,打压伍子胥。因此,在吴军兵困会稽山时,文种携带重金贿赂太宰伯嚭,并通过对方向吴国求和。

文种拜见吴王夫差时,双膝跪地,一边跪行一边磕头说:"大王,您的亡国臣民勾践让我向您请求,请您允许他成为您的奴仆,并允许他的妻子成为您的妾室。"

吴王夫差有些心动,他准备同意文种的提议,伍子胥却直言反对,他说吴国没有强大到可以忽视越国的地步,越国与吴国土地相连,世代为仇。如今我们战胜越国,却不消灭他,这是违背天意的。况且吴国地处蛮夷之间,若任由越国发展,吴国想要称霸中原,无异于痴人说梦,甚至吴国的衰亡都指日可待。

在伍子胥的强烈反对下,吴王夫差暂时没同意越国的求和。

文种又通过太宰伯嚭,再次拜见吴王夫差,文种又说:"只要您赦免越王的罪过,他愿把世代传承的宝器全部送给您❶。如果您不肯赦免越王,越王别无选择,只能将妻子、儿女全部杀死,并毁掉宝器,再率领五千精兵与您决一死战,到时候,您即使获胜,也会付出不小的代价。"

在文种传递出玉石俱焚的信号时,太宰伯嚭也趁机劝说吴王夫差,接受越国的投降。

---

❶ 宝器象征着治理国家的权力,文种的言外之意是越国愿意成为吴国的附庸。

伍子胥得知后，再次进谏劝阻。他对吴王夫差说："大王，您现在不灭掉越国，日后必有大难。"

吴王夫差权衡再三，最终还是同意了越国求和的请求。不是因为他心慈手软，而是因为时代的局势已经发生变化。

那一年，是公元前494年，二次弭兵会盟带来的短暂和平已经结束，中原再次陷入混战。在吴王夫差看来，越国仅剩五千残兵败将，不足为患，对吴国来说，争霸中原是更为要紧的事情。

在种种机缘巧合下，越王勾践死里逃生，保住了性命。

16 狼烟四起
——吴国崛起的时代契机

公元前546年,二次弭兵会盟确立晋、楚两国平分天下的春秋局势,时隔四十年后,楚国在柏举之战中惨败,彻底改变了春秋局势。在这段时间,晋国国君的权力逐渐被架空,出现了激烈的内斗,晋国也不复当年春秋霸主的威名。晋、楚两国的衰落,为齐国图霸中原创造了可乘之机。

时任齐国国君齐景公便梦想光复齐桓公的霸业。他任用晏婴为相国,努力提升齐国的实力。

公元前530年,晋昭公即位,齐景公亲自前往晋国祝贺。在宴会中,晋、齐两位国君玩投壶游戏❶助兴。齐景公让晋昭公先投,荀偃之子荀吴祝愿说,如果晋国国君投中,晋国可以继续称霸中原。

晋昭公手执箭矢,一下子投入了酒壶。晋国群臣不由得欢呼雀跃,为晋昭公喝彩。

齐景公也取过一支箭,他祈愿说:"如果我能投中这支箭,我将代替晋国国君而强盛。"

他说完,掷箭而出,也投入了酒壶。

---

❶ 春秋时期,诸侯宴请宾客时,请客人射箭是礼仪之一。当主人请客人射箭时,客人不能推辞。按照礼乐制度,贵族们应该掌握君子六艺,即礼、乐、射、御、书、数。成年男子不会射箭,将被视为耻辱。随着时代的发展,有些客人确实不会射箭,于是人们便用箭矢投入酒壶代替,这便是投壶游戏的起源。

齐景公借投壶游戏,明目张胆地挑衅晋国,这意味着齐国已经有了与晋国称霸的趋势。

又过了二十多年,晋国日益衰落,楚国在柏举之战中遭受重创。郑国想要找一个新的靠山,恰逢此时,齐国在中原的影响力越来越大,于是郑献公投靠齐国,公元前503年,他正式与齐景公缔结盟约。

不久后,卫国国君卫灵公因为对晋国大夫士鞅心生不满,他也投靠了齐国。随着齐景公羽翼渐丰,公元前502年秋天,他下令齐军南下,大举入侵鲁国。

自从晋国称霸后,鲁国一直奉行联晋制齐的外交政策。当齐军兵临城下时,鲁国连夜向晋国求援。

晋国需要鲁国制衡齐国,于是晋国暂时停止内斗,中军将范献子(士鞅)联合上军将赵简子(赵鞅)、上军佐中行寅(荀寅)率兵出征,他们与鲁军会合后,共同抵御齐军。

齐景公为谨慎起见,下令撤兵,避免与晋、鲁联军正面交锋。

同年秋天,晋、鲁联军兵分两路,晋军攻打郑国,鲁军攻打卫国,以报复郑、卫两国叛晋投齐。但晋国的影响力江河日下,鲁国伐卫并没有转变卫国的外交立场。

这一系列事件,发生于柏举之战的四年后,当时不仅吴、楚两国在争霸,晋、齐两国也走上了对抗之路。

一时间,东周帝国的版图上,烽火连天,狼烟四起。这是因为中原又一次出现混战,吴王夫差和吴王阖闾两代国君才会将吴国的战略重心,放在中原地区。

公元前501年,晋国中军将范献子病逝,齐景公趁机再次出兵西征,这

16 狼烟四起——吴国崛起的时代契机

一次,齐军入侵了晋国的边陲夷仪。

夷仪曾经是邢国的都城,随着历史的变迁,此时夷仪已经成为晋国赵氏家族的土地。夷仪面积虽然不大,但战略位置很重要,这里是晋国安置在黄河以东的要塞,用来威慑齐国和卫国。

然而此时,晋国霸业已经凋零,内部各大氏族争斗不休,赵氏家族鞭长莫及,没能及时救援夷仪。

齐军一路高歌猛进,他们在侵占夷仪时,卫国也奉齐国之命,向晋国的邯郸地区发动进攻。邯郸作为晋国北方重镇,受到了晋国上下的一致重视,赵氏出兵邯郸,击退了卫军。

此时,春秋的格局已经发生了根本性变化,晋、楚两国没落的趋势不可扭转,这为不久后的战国时代埋下了伏笔。

公元前500年,鲁国也改变了外交政策,他们派人与齐国和谈,同年夏天,齐、鲁两国正式结盟。于是,齐、鲁、郑、卫四国结成了反晋联盟,他们对晋国的霸业施加巨大的压力。

同年,赵氏家主赵简子为了报复齐、卫两国的入侵,率兵东征,攻打卫国。这场战争以卫国向赵氏进贡五百户人口而告终,赵简子将这些人口暂时迁徙到邯郸。

公元前496年,赵简子准备将邯郸的五百户人口迁往晋阳。邯郸城主赵午是赵氏的旁支,他答应了赵简子的请求,在回邯郸下达命令时,却遭到了家臣的劝阻。

家臣们说:"当年卫国进贡时,有言在先,这五百户人是用来补充邯郸人丁的,如果将他们迁往晋阳,那会得罪卫国,不如我们采用祸水东引之计。"

所谓的祸水东引,便是赵午命令亲兵入侵齐国,同时将这五百户人送往晋阳。如此一来，赵午便挑动赵简子与齐国和卫国对抗。

赵简子闻讯大怒，因为赵午是中行寅（荀寅）的外甥，又是范吉射（士吉射）的亲家，赵简子以为赵午将要谋反，于是他以赵氏宗主的身份，召唤赵午前往晋阳。

赵午抵达晋阳后，赵简子立刻将他囚禁起来，并于不久后将他杀死。

赵午之子赵稷为了替父亲报仇，率领邯郸众人叛乱，赵简子则以平乱为由，命晋军讨伐邯郸城。

一场席卷晋国的内乱，就此展开。中行寅与范吉射为了替赵午报仇，他们利用赵简子攻打邯郸的机会，率兵偷袭对方。赵简子最终寡不敌众，仓皇逃往晋阳避难。随后，中行氏和范氏两个家族又大举出兵，将晋阳城团团围住。

然而，晋国这场内乱，远没有结束。范吉射的庶子范皋夷因为不被父亲宠爱，他计划在范氏家族中发动叛乱。智文子（荀䓨的曾孙荀跞）宠信晋国大夫梁婴父，想让对方取代中行寅的上军将之位。韩简子（韩厥的曾孙韩不信）与中行寅不合，魏襄子（魏绛的曾孙魏曼多）又与范吉射势如水火。因此，这五人合谋，驱逐中行寅和范吉射二人。

智文子向时任晋国国君晋定公提议说："您曾经下令，挑起祸乱者死。如今赵简子、中行寅和范吉射三人作乱，却独独驱逐了赵简子，这不公平，请您下令将此三人一同驱逐。"

晋定公对晋国的掌控力微弱，他只能将平乱大权交给智文子。

同年十一月冬，智文子与韩简子、魏襄子三人奉国君之名，出兵攻打范氏与中行氏。

范氏家族前任族长范献子（士鞅）在晋国政坛中活跃了半个世纪，

中行氏祖上也有两位中军将，这两大家族权倾朝野，根基深厚，击退了智氏、韩氏、魏氏三家的进攻，并彻底叛乱。

智氏、韩氏、魏氏三家不敌，智文子为了增加胜算，他默许赵鞅重回晋军阵营。如此一来，晋国这场有史以来最大的混乱，从最初范氏和中行氏围剿赵氏，变成了智氏、魏氏、韩氏和赵氏四家围剿范氏和中行氏。

公元前496年，智氏、魏氏、韩氏、赵氏四家率领的晋军高歌猛进，在战场上节节胜利，范氏和中行氏无奈，只能率私兵逃到卫国的朝歌。晋军穷追不舍，出兵围困朝歌。

齐景公早有称霸野心，他见晋国乱局不断，立刻率领反晋联盟中的郑、鲁、卫三国出兵援助范氏和中行氏。

至此，晋国的这场内战，升级为北方中原的大混战。

与此同时，远在南方的春秋霸主吴王阖闾，发动了他人生中的最后一场战役——槜李之战。

站在公元前496年的历史舞台上，放眼春秋时代，楚国尚未恢复元气，晋国饱受内战摧残，齐、鲁、郑、卫又加入北方中原的混战，恰逢越国国丧。所以，吴王阖闾出兵伐越之事便顺理成章。

晋国不愧为春秋第一强国，在内乱之际，他们的实力依然不容小觑。同年同天，晋军在潞地❶击败了范氏和中行氏的叛军，又在百泉❷击败了郑国援军以及范氏的残余部队。

眼见晋国内乱即将平息，齐景公暂时撤兵。两年后，公元前494年，齐

---

❶ 今山东省潞城市。
❷ 今河南省新乡市所辖辉县市西北。

景公卷土重来，他率领齐、鲁、卫三国联军，对晋国发动了新一轮攻势，并且顺利攻下了晋国城邑棘蒲❶。

然而，公元前494年，正是吴越之间爆发夫椒之战的年份。中原局势风云变幻，军事实力超群的吴国，被推到了风口浪尖，对吴王夫差来说，这是最好的时代。

吴国与晋、楚、齐、秦四国不同，他们人口稀少，走的是精兵路线。所以，当文种和太宰伯嚭游说吴王夫差时，吴王夫差也不想与越国鱼死网破，造成吴军大量减员，这对吴国争霸中原不利。

因此，吴王夫差放过越王勾践，有不可忽略的现实因素。

言归正传，公元前494年十一月，晋国为了缓解北方战局的压力，赵鞅率晋军围困范氏和中行氏的流亡之地——朝歌。

范氏和中行氏山穷水尽，可事到如今，不成功，便成仁。数月后，朝歌粮草告罄，这两个家族派人前往齐国求粮。

齐景公下了血本，派郑国押送一千车粮食送往朝歌。范吉射大喜，出城迎接，赵简子率兵拦截，与郑军在戚地❷相遇。

赵简子率兵抢劫粮车，郑军反击，一箭射中赵简子的肩膀，赵简子倒在车中。晋军作战不利，赵简子的嫡长子赵襄子力挽狂澜，他手执长戈救援赵简子，郑军败北后，赵襄子再次组织进攻，郑军不敌，大败而归，晋军顺势缴获了这一千车粮食。❸

---

❶ 今河北省石家庄市赵县附近。
❷ 今山东省枣庄市所辖滕州市境内。
❸ 《左传·哀公二年》："郑人击简子中肩，毙于车中，获其蜂旗。大子救之以戈，郑师北，获温大夫赵罗。大子复伐之，郑师大败，获齐粟千车。"

16 狼烟四起——吴国崛起的时代契机

这一战，彻底打击了中行氏、范氏两家的士气。公元前492年十月，中行寅拼死突围，率手下逃亡邯郸城，一个月后，赵简子入城后，因为憎恨范氏，将范吉射的庶子范皋夷杀死。数年前，范皋夷虽然帮助过赵简子，但权力的斗争，从来都是这样冰冷。

朝歌城破，赵简子没有放下手中的屠刀，他恨不得将对方斩尽杀绝。公元前491年，齐国再次率兵救援范氏，赵简子率军剿杀，同年九月，赵简子兵困邯郸，十一月，邯郸城投降。

邯郸失守后，中行寅与范氏残党再次逃窜，公元前490年，赵简子追杀而至，中行寅等人逃往齐国避难。盛极一时的中行氏与范氏家族，从此凋零。

这场长达八年之久的晋国内战，终于被赵简子平定。智氏家族族长智文子，成为晋国新任中军将，智氏家族一跃而起，成为晋国第一大氏族。然而传承了一百多年的六卿制度，已经名存实亡，晋国朝政被智氏、魏氏、韩氏、赵氏四大家族掌控，国君沦为傀儡。晋国分裂的结局，在这一刻，已然注定。

在晋国霸业落幕之际，齐景公考证参见附录6取而代之的野心也没有实现。晋国内乱结束的同一年，齐景公自觉不久于人世，便废长立幼，扶立宠妾之子公子荼为储君，同年冬，齐景公逝世。

仅仅十个月后，公子完的后代田乞❶，弑杀了公子荼。于是，齐国也开

---

❶ 公子完逃往齐国前，曾经有人为他占卜，卦辞说，"是谓凤凰于飞，和鸣锵锵。有妫之後，将育于姜。五世其昌，并于正卿。八世之后，莫之与京"。公子完前往齐国后改为田氏，他的子嗣分别为：嫡子田稚、嫡孙田湣、曾孙田须无、四世孙田无宇、五世孙田乞、六世孙田常、七世孙田盘、八世孙田和。其中五世孙田乞弑君开启田氏代齐的进程，八世孙田和自立为齐君，放逐齐康公于海岛，完成田氏代齐。

始了田氏代齐的历史进程。

置身于吴王夫差所在的时代，晋国日暮西山，齐国权臣当道，楚国元气大伤，秦国偏安一隅。春秋四大强国都无力称霸天下，吴国国力蒸蒸日上，正是吴王夫差称霸的良机。

还原那个暗流涌动的时代后，人们或许可以对吴王夫差放过越王勾践给予更多的理解。

17 争霸中原
——吴王夫差的崛起之路

公元前494年，吴、越之间爆发夫椒之战的前夕，楚国为了清算柏举之战的旧账，出兵包围了蔡国。

楚军大举北上，在距离蔡国都城上蔡一里的地方修建堡垒，并且派重兵驻扎在堡垒内，他们准备与蔡国进行一场持久战。蔡国不敌楚军，只能选择投降，他们将男女奴隶捆绑成列，以示诚意。楚昭王却不愿接受蔡国的投降，他要求蔡国迁徙到长江和汝水之间。

当时楚昭王提到的汝水，并非今天江西省境内的汝水，而是河南省境内的北汝河。这里远离楚国，楚昭王想让蔡国北迁，从而吞并蔡国故地。

时任蔡国国君蔡昭侯不愿北迁，但他又畏惧楚国，于是蔡昭侯派使臣前往吴国求援，请求对方允许蔡国迁至吴国境内。吴王夫差认为，蔡国距离吴国太远，他与蔡昭侯约定，将蔡国都城迁到吴国边境，以便救援蔡国。

蔡昭侯私下将此事答应下来，却没有与蔡国的群臣商议迁都这等大事。

吴王夫差还没来得及帮助蔡国迁都，越王勾践便先发制人，率军北上伐吴。至此，吴、越之间爆发了夫椒之战，吴军击退越军，并且兵困会稽山。

吴王夫差接受越军求和后，同年八月，吴军北上出兵，侵袭陈国，也是清算柏举之战时的旧账。

在柏举之战初期，吴军出兵伐楚之时，吴王阖闾曾派人召见时任陈国国君陈怀公，寻求结盟。陈怀公召集群臣商议对策，他让众人表态，赞同亲附楚国的大夫，站在朝堂右边，赞同亲附吴国的大夫，则站在朝堂左边。

陈国群臣在这次表决中，充分诠释了什么叫作屁股决定脑袋，他们根据自己封邑和田产的位置，决定政治立场。田产靠近楚国的大夫，支持亲附楚国，田产靠近吴国的大夫，支持亲附吴国。而没有田产的大夫，则依照自己的家族和亲朋好友表态。

陈国的有识之士对此很不满，有人向陈怀公劝谏说："国家兴旺取决于福德，国家灭亡则取决于灾祸。如今吴国没有福德，楚国也没有灾祸，所以陈国不能抛弃楚国。目前晋国依然是诸侯盟主，陈国不如以晋国不同意为借口，辞谢吴国。"

陈怀公很不认可对方的观点，此时距离柏举之战已经过去十年，举世皆知楚国已经衰落，郢都沦陷，楚昭王前有流亡生涯，后有迁都之举，这便是楚国遭遇的灾祸。

在陈怀公的逼问下，对方只能回答说："此前像小诸侯也有国破家亡的经历，但最终依然复国。楚国终究是强国，我们不能确定楚国一定会衰败。"

陈怀公咄咄逼人地追问："你告诉我，哪个诸侯被灭了？又有哪个诸侯复国了？"

对方支支吾吾，顾左右而言他，不肯正面回答。陈怀公再三追问，那人才说："先君陈灵公曾被楚庄王灭国，楚人打算在陈国故地设立郡县，但是天佑陈国，使得我们复国。楚灵王在位时，陈国被楚人所灭，陈人帮助楚平王夺位，陈国二次复国。陈国尚且可以二度复国，更何况楚国呢？"

陈怀公被说得哑口无言，所谓前事不忘，后事之师，他没有反驳，选择继续亲附楚国。

所以，在吴王夫差北上之前，陈国一直持有亲楚的外交立场。公元前502年，吴王阖闾召见陈怀公，陈怀公避而不见。到了陈缗公执政期间，吴王夫差又攻打陈国，并攻取三座城邑，两国的矛盾越来越深。

如今吴王夫差再度北上，兵临陈国，楚国却丢车保帅，没有出兵救援。楚国群臣说："吴王阖闾善于动员吴国人民作战，因此，他们在柏举之战中击败了楚军。听说他的继承人吴王夫差更胜一筹，这将如何是好？"

楚平王的庶长子公子申，字子西，因为担任楚国令尹之位，又被称作令尹子西，他表态说："楚国应该担心自身的问题，而不应该顾虑吴国。当年吴王阖闾对外打仗时身先士卒，对内又体恤民众，与人民同甘共苦，吴王夫差并不如他。我听说吴王夫差出行超过两天，就一定会准备池馆享乐，在外过夜也沉迷于女色。吴王夫差不仅喜欢收集奇珍异宝，还喜欢游玩嬉戏，这样的国君，根本不会体恤百姓。吴军刚刚击败越国，不等国人休息，便立刻北上伐陈，吴王夫差只会自取其辱。"

如此一来，楚军伐蔡，吴国伐陈，双方没有正面冲突。经过这番冲突，蔡昭侯心生悔意，他不愿意迁都。

可是陈、蔡两国是长江流域诸侯北上的重要跳板，他们对吴、楚两国都非常重要。吴王夫差伐陈后一年，便对蔡国下手了。

公元前493年，吴王夫差派大夫泄庸以送聘礼的名义，出使蔡国。大夫泄庸趁机将吴军引入蔡国都城上蔡。等吴军全部入城后，蔡国才发觉情况不对。

蔡昭侯这时才告诉蔡国群臣他与吴王夫差的约定。蔡昭侯为了向吴军有个交代，推说公子驷不同意蔡国迁都，他杀了公子驷来向吴国表示歉意，随后蔡昭侯哭着将先祖的坟墓迁离上蔡。同年冬天，蔡国迁都到吴国边邑州来。❶

州来在吴、楚两国的边境，蔡国夹在吴、楚之间，他们只能在夹缝中求生存。蔡国迁都仅仅两年后，公元前491年二月，蔡昭侯准备前往吴国，蔡国大夫们担心蔡昭侯再次迁都，都极力阻止蔡昭侯。不料此时发生了政变，蔡国大夫公孙翩袭击蔡昭侯，并用箭射中了蔡昭侯。

蔡昭侯仓皇逃往附近的百姓家中，他刚进门便支撑不住，命丧当场。公孙翩不知蔡昭侯是生是死，他手执两支箭矢守在门外，救驾的蔡人不敢接近他。这时候，蔡国大夫文之锴赶到，他对众人说，公孙翩只有两支箭矢，最多杀两人而已，众人排成人墙，向前推进。

文之锴执弓先行，公孙翩张弓搭箭，射中文之锴的手肘，文之锴则抓住机会，反杀了公孙翩。

至此，蔡昭侯被弑之事，宣告结束。

1955年5月，人们在今安徽省淮南市寿县境内，发掘出一座春秋时代的墓葬，经考古学家鉴定，该墓葬为蔡昭侯墓。蔡国新都州来位于淮南市凤台境内，距离蔡昭侯墓仅有数十千米。

时隔两千多年的考古发现，证明了中国史书记载的准确性。

蔡昭侯墓共出土文物584件，其中青铜器486件，玉器51件，金饰12

---

❶ 《左传·哀公二年》："吴泄庸如蔡纳聘，而稍纳师。师毕入，众知之。蔡侯告大夫，杀公子驷以说，哭而迁墓。冬，蔡迁于州来。"《左传》并没有记载公子驷反悔之事，按书中记载推断，公子驷更像替罪羔羊。

件，骨器28件，残存漆片与陶片6件，砺石1件。青铜器中较大的鼎共计44件，最大的通高69厘米、口径62厘米、腹围197厘米。部分青铜器镌有铭文，记载的内容反映了蔡国周旋在吴、楚两大强国中的困境。铭文明确记载了蔡、吴两国联姻的事实，蔡昭侯的姐姐嫁给了吴王❶，而吴王阖闾也将女儿嫁给蔡昭侯。与此同时，蔡侯钟上刻有82字铭文，其中有"辅佐楚王"等词句。由此可见，蔡国既与吴国结成姻亲，向对方示好，又向楚国称臣讨好楚国，这充分体现了春秋小国的悲哀。

公元前490年，晋国结束了长达八年的内乱，同年，齐景公病逝。次年六月二十三日，齐国贵族田乞发动叛乱，弑杀了国君齐晏孺子，并清洗了高氏、国氏两大贵族的势力，随后他拥立姜阳生为国君，史称齐悼公。

齐国的内乱为混乱的中原局势又增添了一分不确定性。在这种情况下，吴王夫差再次北上伐陈。

楚昭王对群臣说，楚国先君与陈国有盟约，楚军必须救援陈国。

其实，楚昭王援助陈国之事，与楚国自身利益息息相关。

当时楚国的外交形势并不好。柏举之战后，齐国联合郑、鲁、卫三国组成了反晋联盟。秦、楚两国外交的根基是对抗晋国，而晋国已经衰落，这使秦、楚之间的关系变得微妙起来。

如今蔡国又迁到州来，这使陈国的战略地位变得更加重要，一旦陈国被吴国控制，楚国可能会被困死在长江中游。

---

❶ 铭文中没有明确哪一任吴王迎娶了蔡女。但是，蔡昭侯在公元前519年即位，当时蔡国依然依附于楚国。公元前515年吴王阖闾弑君篡位时，蔡国的外交立场依然没有改变，直到公元前509年，蔡昭侯朝觐楚国时，被令尹子常勒索，此后蔡国才逐渐和吴国关系密切，那时吴王阖闾在位。因此，笔者倾向于吴王阖闾迎娶蔡女。

因此，楚昭王非常重视这次出兵，他亲率楚军北上。同年七月，楚军驻扎于城父❶。楚昭王命祭祀占卜吉凶，然而楚军出战，结果不吉，楚军退兵，结果同样不吉。

楚昭王心情很低落，他怀着必死的决心说，如果出征会导致再次战败，我不如一死。如果背弃盟约，避让吴国这个仇敌，我也不如一死。同样是死，寡人愿与仇敌战死。

随后楚昭王命兄长令尹子西继承楚王之位，令尹子西不肯。楚昭王又命兄长公子结继承王位，公子结同样不肯。最后楚昭王命弟弟公子启继承王位，公子启推辞五次，无奈之下，才接受楚昭王的命令。❷

在楚军即将出战前夕，楚昭王却忽然病倒。

在此之前，楚国曾经天降异象，天空中红色的云霞像鸟儿一样，绕着太阳飞翔，异象持续三天才消失。古人用太阳比作国君，楚昭王因为天降异象与他有关，于是派人去问周王室的太史。周太史回答说，这是凶兆，将应验在楚王身上。如果楚王举行祭祀消除灾祸，可以让凶兆应验在楚国的令尹和司马身上。

楚昭王听到使臣的回报，连连摇头，因为令尹子西是楚昭王的兄长，当年楚平王去世后，令尹子西曾被人要求继承王位，令尹子西不肯，坚决让年幼的楚昭王为国君。

兄弟情深，楚昭王不愿意让令尹子西遭受无妄之灾。他说，寡人没有

---

❶ 今河南省平顶山市宝丰县以东。
❷ 《左传·哀公六年》："命公子申为王，不可；则命公子结，亦不可；则命公子启，五辞而后许。"

大的过错，上天怎会让寡人夭折❶？如果寡人真的有罪，会被上天惩罚，那寡人又能逃到哪里去呢？

如今楚昭王病重，似乎应验了那场凶兆。

楚国祭祀提议说，这是黄河之神在作祟，举办祭祀消除灾祸，楚王可以痊愈。

楚昭王依然不肯祭祀。楚国群臣又要求去郊外祭祀黄河之神，楚昭王说，楚国的祖辈们定下祭祀制度，后人祭祀时不得逾越楚国的山川，长江、汉水、睢水、漳水是楚国的山川，但黄河不是。即使寡人是无德之辈，也绝不会得罪黄河之神。

直到最后楚昭王都没有举行祭祀。

公元前489年七月十六日，刚过而立之年的楚昭王死于城父。

楚昭王之死让众人悲痛欲绝，公子启泪流满面地说，楚王舍弃他的儿子，却把楚王之位让给我们兄弟三人，我们不能忘记他的恩情。可是身为臣子，服从君命，合情合理；拥立楚王之子即位，也合情合理，我们要如何抉择呢？

兄弟三人商议后，最终决定拥立楚王之子为国君，他们秘密撤兵回国，并封锁关隘要道，拥立楚昭王与越王勾践之女所生的儿子熊章为国君，史称楚惠王。

随着楚军撤兵，楚国无力扼制吴国，在蔡国和陈国相继倒向吴国后，吴王夫差开始图霸中原。

---

❶ 《史记》记载，公元前527年，费无极替太子建前往秦国迎接孟嬴，楚平王因为孟嬴貌美，娶为夫人，而后孟嬴生下楚昭王。《左传》对此没有记载，根据《史记》记载，楚昭王此时不过三十多岁，因此《左传》使用"夭折"一词。

公元前488年，吴国和鲁国在鄫地会谈，吴王夫差的争霸路线变得更加清晰，他选择北上，征服齐鲁大地。

公元前487年三月，吴国攻打鲁国，鲁国守军成功抵御来犯敌军，这场战争最终以和谈告终。同年夏天，齐悼公派人出使吴国，提出齐、吴联合攻打鲁国。

公元前486年，吴国在邗地❶筑城。吴国以水师闻名于天下，此前伍子胥曾经修筑过胥江运河，这条运河沟通了太湖与姑苏地区的水网。而吴王夫差在邗地筑城，彻底沟通了长江、淮河、黄河的水网，让吴军水师北上成为可能。

从吴王夫差的用兵痕迹中，我们看出他醉心于争霸中原，正因如此，越王勾践才获得了复仇的机会。

❶ 今江苏省扬州市以北。

18 勾践复仇——真假难分的故事

越国兴盛的时间很短，而且越国在春秋史官眼中，属于蛮夷之地，因此，中原史官们对越国的记载极少。

《史记》中对越国历史的记载，大部分集中于《越王勾践世家》一篇，只交代了历史事件的大概走向。因此，本章将以《吴越春秋》为蓝本，讲述勾践复仇的故事。

勾践三年，即公元前494年，越军在夫椒之战中惨败，越王勾践举国投降，换取吴、越两国和谈。

临行前，越王勾践愁容满面，仰天长叹，未语泪先流。越国群臣纷纷劝说道，大王，当年夏桀和商纣王恃强凌弱，让两位圣人蒙羞。但商汤和周文王委曲求全，最终取得了天道。所以，大王不要因为暂时的落魄而羞耻。

越王勾践叹息说，我即将远行去吴国为奴，现在我将国家和民众托付给诸位，愿大家同心协力，共渡难关。

众人听完，无不痛哭流涕，内心悲伤。越王勾践登上一叶扁舟，径直离去，他始终没有回头看一眼故国。

勾践抵达吴国面见吴王夫差时，他跪下磕头，开口说，贱臣是东海之滨的勾践，我上愧对皇天，下有负厚土，曾经不自量力，得罪过大王。所幸大王宽宏大量，留下罪臣这条性命，罪臣抬头时感激不尽，低头时羞愧不已，因此罪臣恭谨地向大王叩首再叩首。

勾践说完，二次向对方磕头。吴王夫差看到勾践卑微的样子，不由得志得意满，他回答说："寡人这样处置你，有些不妥，但你与寡人有杀父之仇，这仇不能不报。"

勾践立刻说："罪臣不怕死，只希望大王能原谅我。"

伍子胥站在一旁，他目如炬火，声若雷霆。伍子胥没等吴王夫差开口，抢先说："大王，勾践不能留，必须处死。"

吴王夫差听到伍子胥插嘴，不由得心生愠怒。他回绝对方的提议说："寡人听说杀降不祥，并且会祸及三代。寡人不是因为怜悯越王才不杀他，而是怕得罪上天。"

太宰伯嚭察觉到了吴王夫差的态度，他又想与伍子胥争权，于是说："伍子胥只知道为一时考虑，不懂定国安邦之道，请大王不要听他的话，您应该按照自己的意愿行事。"

如此这般，吴王夫差最终没有杀死勾践，而是将他秘密地囚禁于宫殿之内，命他为自己驾车养马。

三个月后，吴王夫差召唤勾践觐见，勾践恭恭敬敬地趴在吴王身前。此时，范蠡正站在勾践身后。吴王夫差对范蠡起了爱才之心，不由得对他说："范大夫，贞妇不嫁破亡之家，仁贤不官绝灭之国❶。良禽择木而栖，你不如改过自新，抛弃越国，归顺吴国。"

勾践趴在地上泪流满面，他以为自己将会失去范蠡，因此心酸不已。

范蠡却恭恭敬敬地婉拒对方说："亡国之臣不敢语政，败军之将不敢语勇。我在越国时，既不忠贞，又不守信，曾经怂恿越王不接受大王的号

---

❶ 意为好女人不嫁落魄户，贤能之人不在败亡的国家为官。

18 勾践复仇——真假难分的故事

令，又率兵与吴军对阵，以致犯下重罪。承蒙大王开恩，我们君臣才得以保全性命。如今我已经没有任何奢望，只求在内能为您打扫门厅，在外供您驱使，便心满意足了。"

吴王夫差见范蠡不识抬举，怒斥道："你们不要住在宫中了，寡人将你们安排到石室中居住。"

他说完便转身离开，而勾践和范蠡等人，从此搬进了石室。

石室不仅简陋，而且冬天阴冷，夏天酷热，这是吴王夫差有意折磨勾践等人。

此后三年，勾践围着围裙，扎着头巾，铡草喂马，他的夫人则穿着没有镶边的裙子与左关之襦❶，在勾践身边清除马粪，打扫马圈。

勾践曾经是一国之君，他在遭遇这种艰难时，既不生气，脸上也毫无怨恨。有一天，吴王夫差和太宰伯嚭登上高台，暗中观察勾践，他发现众人彼此之间依然恭敬，他们都恪守夫妻之礼和君臣之礼。

吴王夫差感慨地对太宰伯嚭说："越王勾践是个有气节的人，范蠡是有操守的贤士，他们在困境之下，还能保持君臣之礼，寡人不免会为他们难过。"

太宰伯嚭私下收受过越国的贿赂，他趁机劝说："大王您宅心仁厚，愿大王以圣人之心，怜悯这几个落魄之人。"

吴王夫差心中仍有顾虑，他又说："吴国和越国疆域紧密相连，勾践诡诈狡猾，屡次伤害吴国，寡人承蒙上天庇护，才成功讨伐越贼，将他囚禁在石室中。虽然寡人有心赦免他，但仍有顾虑。"❷

---

❶ 左关之襦是指衣襟开口向左的那种短袄。在当时，只有死人或者部分少数民族才会穿左关之襦。

❷ 《吴越春秋》在此处的记载，并不符合常理，笔者存疑。

太宰伯嚭听完接着说:"大王,没有得不到回报的恩德,您将仁爱恩惠赏赐给越王,越王一定会报答您的。"

最终,吴王夫差采纳了太宰伯嚭的建议,同意选择良辰吉日赦免勾践。

勾践很快得到了消息,他将这个喜讯告诉范蠡,同时心怀顾虑地说:"我担心吴王夫差说话不算数。"

范蠡则说:"我根据《玉门》❶推测,这件事并不乐观。"

果然如范蠡所料,不久后,吴王夫差莫名生病,释放勾践之事便被推迟了。而且伍子胥也听到了风声,他立刻拜见吴王夫差,劝谏说:"大王,从前夏桀囚禁商汤而不杀,后来夏朝亡国了。商纣王囚禁周文王也没杀,商朝也亡国了。您现在囚禁了越王,却又不杀他,您被迷惑得太深了,请您想想夏桀和商纣王,难道您不担心吗?"

吴王夫差被这番话惊出一身冷汗,他连忙召见勾践等人。勾践一行人奉命前往召见地点后,迟迟不见吴王夫差的身影,众人心中十分不安,范蠡和文种分别占卜一卦,卦象显示吴王夫差将擒拿勾践。

如卦象所言,不久后,太宰伯嚭代替吴王夫差接见众人,并通知他们要继续被关押在石室之中。

伍子胥仍不甘心,他再次劝谏吴王夫差说:"我听说称霸天下之人,进攻敌国后,要斩草除根,这是为了防止对方报复,也为子孙后代除去祸根。请您趁早除掉勾践,避免养虎为患。"

太宰伯嚭连忙说:"大王,不可如此。从前燕庄公为齐桓公送行,不料他走出了国境,齐桓公将对方所过之处,割让给了燕国,他因此青史

---

❶ 《玉门》应是玄学的一个分支,用于预测占卜,今已失传。

留名。宋襄公与楚国对战时，秉承军礼，没有半渡而击，他也赢得了生前身后名。如果大王能够不计前嫌，赦免越王之罪，那您的功德会在五霸之上，必将名垂千古。"

吴王夫差为人好大喜功，他听见太宰伯嚭将自己与春秋五霸相比，不由得有些心动。最终吴王夫差决定，等寡人痊愈之后，便为太宰伯嚭赦免勾践。

不料，吴王夫差一病不起，迟迟不能痊愈。一个月后，勾践走出石室，召见范蠡说："吴王病了，三个月都没能痊愈。我听说为臣之道，君主生病，臣下理应担忧，吴王对我恩重如山，我担心他不能痊愈，希望您能为他占卜一卦。"

乍一听这句话，勾践口口声声自称为臣，显得他忠心耿耿，实际上，这是越王勾践性格特征的真实写照。历史上对越王勾践的评价褒义多过贬义。但结合《越绝书》《吴越春秋》《史记》《国语》等史料分析，越王勾践是一个城府极深、阴险毒辣、为达目的不择手段的枭雄。

当年槜李之战一幕，勾践曾让死囚阵前自尽，以威慑敌军，这件事彰显了越王勾践不择手段的一面。

如今勾践被囚禁，他甚至不敢信任范蠡。毕竟吴王夫差曾在他面前劝降范蠡，而范蠡三年来陪着他在石室之中吃苦，不图回报。以勾践的心性，他很难不猜忌对方。即使范蠡真在暗中投靠了吴王夫差，此时被安插在勾践身旁监视对方，也在情理之中。

范蠡绝顶聪明，他在勾践身边多年，非常了解勾践。范蠡回答说："吴王不会死，他的病，到日子便会好，请大王留意。"

范蠡的最后一句话，也在试探勾践。毕竟吴王夫差曾经承诺，他病好以后，将会放勾践回国，范蠡甘愿陪着勾践在吴国受苦，也是为了他日越国能东山再起。

可是勾践口口声声自称臣下，范蠡拿捏不准勾践的态度，他以大王相称，提醒勾践仍是越王。

勾践立刻回答说："依靠先生的计策，孤才可以穷困而不死。中途犹豫不定，岂会是孤的志向？能不能回国，全仰仗先生图谋。"

古代国君喜欢称孤道寡，勾践前一句还自称臣下，听到范蠡这样说，他立刻改口自称孤。而且勾践的话术逻辑十分清晰，他先肯定了范蠡的贡献，又表露了自己的心志，坚定了范蠡的信心，最后才请范蠡出谋划策。

范蠡洞察到勾践的心思，他立刻表明心志，对吴王夫差破口大骂，范蠡说："吴王不是人，他数次谈论成汤之道，却从来不付诸实践。"

范蠡接着说："大王去探望吴王病情时，如果能见到他，请要求尝一尝他的粪便，同时您观察对方的脸色，最后跪下祝贺他不会死，并预言吴王病情好转的日期，等您的话被证实后，吴王自然会对您深信不疑，您还有什么可担忧的呢？"❶

范蠡是一个绝顶聪明的政治人物。政治人物往往谨言慎行，常常暗含深意。当时只有勾践与范蠡两人在场，范蠡骂不骂吴王夫差，都不会被人听到。然而范蠡深知勾践的枭雄本色，他知道对方城府极深，所以还是骂了，而且是骂给勾践听，用来消除勾践的疑虑。之后，范蠡才说出了尝粪

---

❶《吴越春秋·勾践入臣外传第七》："越王出石室，召范蠡，曰：'吴王疾，三月不愈。吾闻人臣之道，主疾臣忧。且吴王遇孤，恩甚厚矣。疾之无瘳，惟公卜焉。'范蠡曰：'吴王不死明矣。到己巳日，当瘳。惟大王留意。'越王曰：'孤所以穷而不死者，赖公之策耳。中复犹豫，岂孤之志哉？可与不可，惟公图之。'范蠡曰：'臣窃见吴王真非人也。数言成汤之义而不行之。愿大王请求问疾，得见，因求其粪而尝之，观其颜色，当拜贺焉。言其不死，以瘳起日期之。既言信后，则大王何忧？'"

的计策。

勾践终究是一国之君,既然吴王夫差的病一定会康复,那范蠡可以用其他计谋让勾践取信于对方。这一点,也使后人质疑《吴越春秋》记载失真。

仅从《吴越春秋》的记载分析,范蠡想出这样一个耻辱的计策,或许有试探勾践的用意。《国语》中记载勾践刚即位时的自我评价,他说:"吾年既少,未有恒常,出则禽荒,入则酒荒。"

大意为勾践年少即位,做事没有定性,外出会沉迷于打猎,在家又会沉迷于饮酒。

如今勾践已经入吴三年,他仿佛是一个胸无大志的丧国之君。然而,如果勾践为了复仇,愿意屈辱地尝粪,说明这一切都是表象,勾践心中不忘复仇,越国伐吴也尚存一线机会。

勾践没有反对范蠡的计策,第二天,他找到太宰伯嚭说:"囚臣想见吴王一面,探问他的病情。"

太宰伯嚭立刻向吴王夫差汇报。等到勾践拜见时,刚好吴王夫差在排泄,随后太宰伯嚭端着污物出门。

勾践连忙下拜行礼说:"让囚臣尝一下大王的粪便,以判断吉凶。"

他说完,伸手抓起来就尝,接着勾践进入屋中再次跪拜行礼说:"囚犯臣仆勾践祝贺大王,您的病不日便会痊愈。"

吴王夫差好奇地询问:"你怎么知道?"

勾践回答说:"囚臣曾经向闻粪便的医师学习过,如果一个人的粪便与谷物的味道一致,却与四季之气相背,他将会病逝。如果其粪便顺应了四季之气,他便会痊愈。下臣刚才私下尝了大王的粪便,那味道是苦的,而且苦中带酸,顺应了春夏之气,所以囚臣断定大王您的病会痊愈。"

吴王夫差被惊得目瞪口呆,他被勾践的言行打动,忍不住说:"您真是个仁人。"

之后吴王夫差下令赦免勾践,并将他从石室迁往宫中,只不过此时勾践仍然从事放马的工作。

勾践自从尝完粪便,患了口臭之病,范蠡命随从们都咀嚼岑草❶,借岑草的臭味,掩盖勾践的口臭。

到了范蠡所预言的日子,吴王夫差果然痊愈,他心中很欣慰,认为勾践是天下对他最忠诚的人。于是吴王夫差大设酒宴,招待勾践,并且下令说,寡人今日要将越王安排在面朝北方的座位,以示尊敬,群臣也要用对待贵宾的礼节来侍奉他。

伍子胥心头不悦,他故意先行离去,没参加酒宴。

在众人酣畅饮酒时,太宰伯嚭煽风点火说:"今天真奇怪,在座之人都很仁德,不仁德的人逃跑了。相国伍子胥是个刚毅勇猛的人,我猜他一定是看见了极为仁德的人在场,因此感到羞愧,无颜面对,才缺席酒宴。"

吴王夫差喝得迷迷糊糊,连连点头说:"对对对,你说得太对了。"

勾践拉着范蠡一同站起来,为吴王祝寿说:"下臣勾践与随从范蠡,祝大王长寿千岁,延寿万岁,长保吴国,四海承平,永享万福。"

第二天,伍子胥入宫询问说:"大王,昨天您看见了吗?"

吴王夫差一愣:"看见了什么?"

伍子胥说:"胸中藏着虎狼之心的人,他会在表面上说一些溢美之词,这是为了保住他的性命。请大王明察。"

---

❶ 鱼腥草。

18 勾践复仇——真假难分的故事

吴王夫差知道他意有所指，脸色一沉道："寡人患病三个月，从未听到你的一声慰问。而越王放弃守卫边疆的大事，亲自率领臣民归顺于寡人，如今已有三年，他却毫无怨言。寡人生病，他又为寡人尝粪以诊断吉凶，这是他的仁义；而他掏空越国国库，将珍宝贡献给寡人，这是他的忠贞。如果寡人因你而杀了勾践，那不过是逗一时之快，却辜负了上天，寡人与昏君又有什么区别？"

伍子胥据理力争地反驳说："您的话说反了，勾践现在装模作样，是为了取信于您，实际上他深谋远虑，一直在欺骗大王。勾践今日喝您的尿液，尝您的粪便，是为了来日吃您的心，挖您的肝。我伍子胥不敢辜负先王的嘱托，也不想社稷荒废，大王，请您三思。"

吴王夫差听到伍子胥将先君阖闾抬出来，心中更是不快，他敷衍地说："相国把这些事放到一边吧，寡人不想再听这些话了。"

如此这般，吴王夫差终于同意放勾践回国，他率领群臣前来为勾践送行时说："寡人现在赦免你，让你重归故国，但你要始终牢记寡人的恩德，以此自勉。"

勾践趴在地上重重磕头，并发誓说："苍天在上，下臣不敢忘恩负义。"

千百年来，历史证明了一个道理，口说无凭的誓言都不可信。但吴王夫差却信以为真，他欣慰地说："君子一言，驷马难追，请记住你的誓言。"

勾践一行人回到越国故地，他远远望见秀丽山河，对夫人感慨地说："我原本已经绝望，以为再也见不到越国万民，不料老天待我不薄，还能让我归来。"

他说完，夫妻二人掩面而泣，一时间热泪纵横。

勾践七年，即公元前490年，越王勾践终于重归故里，越国臣民举行了盛大的欢迎仪式。百姓们跪在路边迎接他时，纷纷说："如今大王蒙受上天的福祐，回到越国，越国的霸业指日可待。"

越王勾践没有乐极生悲，他对复仇之事很谨慎。

虽然吴王夫差释放了他，可是越国大部分土地已经属于吴国，如今越国仅有百里之地考证参见附录7。

越王勾践立范蠡为相，并谨慎地询问对方说："孤一连数年受辱，幸亏得到您的计策，才能返回故乡，我现在修筑城池，复兴越国，可是我担心越国国力不足以支撑，先生您有什么对策呢？"

范蠡回答说："当年尧、舜、禹、汤修筑城池，是为了威慑天下，不是为了攻破强敌。大王，如今您威势不够，不可轻举妄动。"

越王勾践不甘心，他深思熟虑后，又说："如果寡人放弃吴国施舍的百里之地，率民众前往会稽山发展，借那里的天险完成复兴大业，可行吗？"

范蠡当场否决说："不可行，没有一个霸主的国都选择建在山上，因为国都要建在平坦开阔、四通八达的地方，如此才能成就霸业。"

越王勾践长叹一声，向范蠡请求说："如今寡人还没有想好计划，只希望先修筑内城，建起外城，分别设置里巷。寡人只能寄希望于相国您。"

虽说巧妇难为无米之炊，不过范蠡想出了一个权宜之策，他为越王勾践建造了一个袖珍的风水城❶。

这座风水城的周长仅有一千一百二十二步❷，但麻雀虽小，五脏俱全，范蠡夜观星象，模仿紫微宫的形状设计了城池布局，这座城池一面是圆形，其余三面是方形，范蠡在城池东南角修葺了一个排水的石洞，用来象征地户。

---

❶ 记载源于《吴越春秋》，今已无从考证，有待考古发现证实。
❷ 春秋时代一步为六尺，一千一百二十二步仅有一千多米。

古人很早便发现了中国西北地区高、东南地区低的地理特征，他们认为，天有门，地有户，因此天门在西北，地户在东南。这一点在很多神话传说中也有体现，比如水神共工怒触不周山，从此天倾西北，地陷东南。

因此，范蠡修建的风水城，将天门安置在西北，地户安置在东南，以符合天道。同时，城池内四通八达，象征八方来风。

除此之外，这座城池还有三个特点，第一，城池外墙的西北角有缺口，因为吴国国都在越国西北面，范蠡用这个缺口吸取吴国的国运；第二，城池内的王座面朝北方，即越王勾践坐南朝北，表面的含义是越国向吴国臣服，越王勾践将性命交给吴国支配；第三，城内的布局左右易位，本应该在东面的建筑，被放到了西面，原先在西面的建筑，被放到了东面，范蠡修建的用意是将城池变成一座阵法，布局左右颠倒后，便可以将越国臣服于吴国的象征，转变为吴国向越国臣服。

相传这座风水城池修好后，琅琊东武山<u>考证参见附录8</u>一夜之间飞临越国，百姓感觉奇怪，将这座山称作怪山。

范蠡对此非常高兴，他对越王勾践说："我建造的这座城池顺应了天意，因此琅琊东武山才会飞临越国。"

越王不信，范蠡又解释说："这座城池顺应天门之象，迎合大地之元，同时具备山岳气象，才会出现仙山奇景，这意味着越国要称霸了。"

从后续的发展来看，越王勾践相信了范蠡的话，甚至在他执政后期，还将越国国都迁往琅琊。

越王勾践为了报仇，夜以继日地勤勉治国，困了便用蓼草❶刺激双眼，

---

❶ 水葫芦。

还用冷水泡脚。他时常在冬天里抱着一块寒冰，在夏天里手捧着火盆，又把苦胆悬在房门上，进出时都会尝一下。❶

尽管越王勾践用近乎自虐的方式，来磨炼他复仇的意志，可是吴国太强大了，越国难以抵抗。越王勾践经常彻夜难眠，因报仇无望而独自痛哭。

越王勾践思来想去，他决定还是从吴王夫差身上寻找突破口。对方喜欢漂亮精美的衣服，于是他命人采摘葛麻，又命女工织成精细的布料，准备以此为礼物，献给吴国。

越王勾践还没来得及献上布料，吴王夫差却派人送来了一封信。原来吴王听说勾践安分守己，因此他决定增加越国的封地。这一举动是导致吴国灭亡的关键因素，因为封地实在太大了。据书中记载，这块地东到勾甬，西到樵李，南到姑末，北到平原，纵横八百多里，可以养活数十万人口。

越国人口数量增加，让越国扩军成为可能。越王勾践得到封地后大喜过望，他派文种带着十万匹葛布、九大桶上等蜂蜜、七个精美竹器、五对狐狸皮、十船箭竹等贡品，前去献给吴国。

吴王夫差也非常高兴，他当着朝中群臣的面说："当年越国兴盛时国土方圆上千里，我虽然封给他一些土地，但没有完全恢复他的国土。如今越国地处偏远，物产贫瘠，他用这么多贡品作为答谢，这说明他谨记寡人的恩德，衷心臣服于吴国。"

而且，文种带来的贡品，在吴国君臣眼中很寒酸，连伍子胥也被麻

---

❶ 后人用成语"卧薪尝胆"来形容刻苦自励，发奋图强。但是先秦史料中，并没有关于勾践卧薪尝胆的记述。《史记·越王勾践世家》也仅仅提到越王勾践在屋中放了一块苦胆，他时常品尝，提醒自己不要忘记会稽之耻。直到北宋时期，在《旧五代史》中才添加了勾践卧薪的记载，笔者认为，这是后人借越王勾践之事，杜撰出来的故事。

痊了。伍子胥下朝后对随从说:"虽然大王释放了勾践,但越国在虎豹横行、杂草丛生的荒野中,想必他也掀不起风浪了。"

越王勾践得到土地后,他在朝廷内修养德行,在朝廷外施行教化,放宽刑法,减少税收。很快,越国人民变得殷实富足,他们十分拥戴越王勾践,愿意为他穿起铠甲上阵杀敌。

越王勾践见时机成熟,他召集群臣商议说:"越国惨败,寡人也曾沦为囚徒,成为天下的笑柄。如今寡人念念不忘报复吴国,可是没有想好对策,希望你们帮寡人出谋划策。"

大夫扶同说:"吴国与楚国有血海深仇,吴王夫差此时正和晋、齐两国争霸,大王您可以与晋、齐两国交好,并暗中与楚国结成联盟。同时,您不能让吴国发现我们的计策,越国还需要小心侍奉吴国。吴王夫差地凶猛骄横又自以为是,他一定会引发众怒。等诸侯们联合对付吴国的时候,我们再趁机攻打吴国。"

范蠡赞同道:"吴王夫差一贯作威作福,喜欢对天下发号施令,却不知道他的威望不足以服众。大王您不要声张,也不要让别人看穿您的图谋,我们应该在暗中观察对方的动静。"

越国群臣意见一致,越王勾践便采取结交晋、齐,暗中与楚国联盟的外交策略。楚国不仅与吴国是死敌,此外,如今楚国少主楚惠王又是越王勾践的外孙❶,因此在越国灭吴的过程中,楚国是非常重要的助力。

此时,又有人向越王勾践提议说:"大夫范蠡明智聪慧,了解内政,

---

❶ 《列女传·卷五》:楚昭越姬者,越王句践之女,楚昭王之姬也。……迎越姬之子熊章,立是为惠王。越王勾践自评年少即位,他于公元前496年即位,由此推断,楚惠王即位时年纪很小。

而大夫文种具有远见卓识，能洞悉天下大势，伐吴之事，您可以询问一下文种。"

越王勾践这才想起文种，他连忙派人请对方前来一叙。越王勾践谦逊地说："寡人过去听从先生您的谋略，才逃出生天，如今寡人想请您出谋划策，帮助越国伐吴。"

文种指着天上的飞鸟说："大王您看，高高飞翔的鸟儿，往往死在美味的食物上。接着，文种指着水里的鱼说，深泉之下的鱼儿，往往死在芬芳的诱饵上。这是因为人们掌握了鸟儿和鱼儿的弱点，并且加以利用，才将其捕获。如今您想攻打吴王夫差，必须先了解他的爱好，清楚他的愿望，这样才能揣测出他的弱点。"

越王勾践连连点头回答说："先生，您说得太对了，那寡人要怎么做呢？"

文种这时才说："我有九种办法，请大王明察。"❶

越王勾践心中忐忑不安，他说："寡人遭受耻辱，心怀忧愁，对内愧对朝中大臣，对外愧对各路诸侯，即使你有伐吴九术，寡人也担心无法实施。"

文种宽慰他说："您别急，只要您采纳伐吴九术，攻城略地如探囊取物，手到擒来。第一术是尊敬天地，侍奉鬼神，祈求他们的庇护；第二术是献给吴王夫差贡品，并用财物贿赂吴国的大臣；第三术是高价收买粮草等物资，使吴国的储备空虚，同时引诱吴王夫差骄奢淫逸，令吴国百姓苦不堪言；第四术是美人计，我们可以挑选美女献给吴王夫差，来迷惑他的心智，

---

❶ 《吴越春秋》中文种提到的九种办法，又被称作"伐吴九术"。而在《史记·越王勾践世家》的记载中，文种提出"伐吴七术"。

18 勾践复仇——真假难分的故事

扰乱他的统治；第五术是送给吴王夫差能工巧匠和精良木材，怂恿他建造宫殿房舍，耗尽吴国的财产；第六术是暗中资助吴国阿谀奉承的奸臣；第七术是挑唆吴国刚正不阿的重臣，让吴国的忠臣和奸臣自相残杀，加剧内耗；第八术是富国强兵，加强越国的武器装备；第九术是秣马厉兵，等待吴国的破绽，从而一举击溃对方。我献上的这九条策略，请您一定不要透露给他人，只要大王按照伐吴九术去做，莫说吴国，夺取天下也不在话下。"

文种被后人称为春秋第一毒士，他的伐吴九术实在太阴毒了。后世权臣在争斗时，很多人所用的计谋中，都有伐吴九术的影子，比如贿赂、美人计、离间计、纵心术等。

越王勾践自身城府极深，伐吴九术仿佛是为他量身定做的一样，越王勾践大喜，按照伐吴九术行事。

他在西、东郊分别建立东皇公和西王母的祠庙❶。随后，越王勾践登上会稽山祭拜山神，前往江中沙洲祭祀河神。

江浙地区夏季常有台风过境，容易遭受天灾。根据史书记载，在那段时间内，越国风调雨顺，没有遭遇天灾。

越王勾践实行第一术后，又开始实行第五术，他派出三千多名伐木工人，进入山中砍伐珍稀木材。终于有一天，他们找到两棵又粗又壮的神木，四十余丈高，二十人环抱那么粗。

越王勾践连忙命工匠将神木加工成最好的木材，又派人献给吴国。

吴王夫差得到神木后非常高兴，可伍子胥察觉到事有蹊跷，他觐见说："大王，您不能收下这批木材。当年夏桀建造了灵台，商纣王建造了

---

❶ 根据《竹书纪年》和《穆天子传》的记载，古人认为东皇公代表太阳，西王母代表太阴。

鹿台，他们都导致国运衰败，最终自取灭亡，您如果接受木材，一定会被越王杀死。"

吴王夫差没有理会伍子胥，他果然中计，收下木材后，吴王夫差便命人兴建姑苏台❶。

据《吴越春秋》记载，吴王夫差花费三年时间收集材料，耗时五年才建成姑苏台，而且吴国人民苦不堪言，饱受奴役。姑苏台建成后，极其壮观，两百里外都可以看见这座建筑❷。

可是吴国地处东南，由于当时稻米并没有被人们改良驯化成熟，产量极低，能支撑的人口有限，《史记》记载："楚越之地，地广人稀。"吴国在军事上一直走精兵路线，也与吴国的自身条件密切相关。

人口稀少，意味着劳动力不足，而吴王夫差在争霸天下之余，又大兴土木修建姑苏台，更加重了吴国的负担。

与此同时，越王勾践还采用了伐吴九术中的第四术——美人计。

在吴国兴建姑苏台时，越王勾践又去请教文种："先生，寡人已经按照您的计策实施，吴王夫差也已中计，寡人还想为他献上美女，您看如何？"

文种回答说，您可以找个善于相面的人，派您的侍卫陪着他在越国搜

---

❶ 时至今日，苏州市依然有一个名为姑苏台的景点。不过姑苏台是争议最多的皇家园林，自东汉时期开始，姑苏台的位置已经模糊不清，随着历史的发展，众多学者持有不同的观点，并将之写入文献和地方志中。而吴王夫差兴建的姑苏台，至今仍无定论。

❷ 《吴越春秋》记载的两百里外可见，为不实记载。根据地球曲率计算，人们站在海拔 0 米的地面上，人眼可以看到的地平线距离为 4.6 千米左右。如果两百里可见，姑苏台的高度，应有数百米高。而上海东方明珠高度约为 468 米，因此书中记载不实。

寻美女,如果发现合适人选,偷偷地记下她的姓氏和住址,最后一起请回来,慢慢筛选。

越王勾践按照文种的办法,只用了半年多时间,便找到了二十多个美女,越王勾践从中选出了最漂亮的两个女子,巧合的是,这两人都是苎萝山下的民间女子,苎萝山有东、西两个村子,这两个村子的人大多姓施,西施住在西边的村子,因此叫西施。另一位女子也住在西村,但是不姓施,而是叫作郑旦。

西施和郑旦每天结伴去江边浣纱,被寻找美女的探子们发现,后来越王勾践让范蠡各用百两黄金将二人征召入宫,城中百姓听说有绝世美女前来,纷纷出城一睹芳容。

范蠡则安排人在一旁安放柜子,宣布想要观看美女容貌的人,每人需交一文金钱。

顷刻间,装钱的柜子便被填满,范蠡吩咐人再安放几个柜子,同时下令,让西施和郑旦在郊外停留三天,范蠡得钱无数,事后他命人用车将钱运往国库。

越王勾践对西施和郑旦很满意,打算立刻将二人送往吴国。文种劝阻说:"吴王夫差好色,身边美女无数,我们还需要花时间培养西施和郑旦,她们只有色艺双全,才能在众多美女中脱颖而出。"

于是越王勾践花重金培养二人,西施和郑旦接受了从顶级的贵族礼仪到诗词歌舞的全面训练。一晃三年,时间如刀,西施和郑旦这两块璞玉被雕琢成了一对举世无双的玉佩。

二人学艺有成,越王勾践命人将她们精心打扮,又配了六名美貌的侍女,让范蠡送到吴国。

范蠡拜见吴王夫差时，磕头跪在地上恭敬地说："东海贱臣勾践感激大王的不杀之恩，因不能亲自率妻妾侍奉大王，他特地寻找了两位能歌善舞的美人送给您，请您笑纳。"

吴王夫差目不转睛地看着两位美人，欣喜地说道："勾践献上两位美女，是他为吴国尽忠的证明。"

伍子胥心知肚明，他赶紧劝谏说："大王，您千万不能接受。我听说五色令人目盲，五音令人耳聋。从前夏桀轻视商汤便灭亡了，商纣王轻视周文王也灭亡了。大王如果接受这两个美女，以后必有祸殃。我听说越王白天书写不知疲倦，夜晚诵读常常通宵，而且聚集了几万名不怕死的勇士，这个人如果不死，一定会报复吴国。况且，贤士是国家的宝物，美女是国家的祸患。所以夏朝因为妹喜而灭亡，商朝因为妲己而灭亡，周朝因为褒姒而灭亡。大王，请您三思。"❶

吴王夫差不肯听从伍子胥的劝谏，他将二位美女收下。据说西施妖艳善媚，后来独得吴王夫差欢心，得以居住在姑苏台上，与吴王形影不离。郑旦则居住在后宫内，她嫉妒西施独受宠爱，郁郁不得志，于一年后去

---

❶ "五色令人目盲，五音令人耳聋"这两句话最早出自老子的《道德经》第十二章，全文如下："五色令人目盲；五音令人耳聋；五味令人口爽；驰骋畋猎，令人心发狂；难得之货，令人行妨；是以圣人为腹不为目，故去彼取此。"《吴越春秋》中伍子胥的劝谏之言，与此一字不差，即子胥谏曰："不可，王勿受也。臣闻五色令人目盲，五音令人耳聋。"但是根据伍子胥的经历，他很有可能拜见过老子。公元前 511 年，伍子胥与孙武率军前往城父时，曾路过老子的故里，并拜会过老子。伍子胥和孙武的很多思想，都有老子道家思想的影子。对比《道德经》和《孙子兵法》，人们不难发现很多相似的句子。老子说："知人者智，自知者明"，孙武说："知己知彼，胜乃不殆"；老子说："上善若水，水善利万物而不争"，孙武说："兵形象水，水之避高而趋下。"诸如此类。

世。吴王夫差命人将她葬在黄茅山，又为她建祠祭祀。

吴王夫差宠幸西施，命王孙雄为西施在灵岩上修建了富丽豪华的馆娃宫，又为她建了一座"响屟廊"，让西施和宫女们穿上木屐在上面行走，因铮铮有声，因此取名为"响屟"❶。

自从西施入吴后，吴王夫差便以姑苏台为家，终日沉溺于歌舞声色，不再上朝听政。平日里，吴王夫差身边只有太宰伯嚭和王孙雄侍奉，伍子胥数次求见，都遭到了拒绝。

越王勾践美人计成功后，他请来文种询问说："幸亏寡人听从了先生的伐吴九术，一切都在按照计划进行，下一步，应该怎样做？"

文种回答说："大王可以试探一下吴国。您向吴王夫差说越国位置偏远，土地贫瘠，今年谷物歉收，希望能从吴国购买粮食。如果吴王不同意，说明他还没有放下对越国的戒心，如果吴王同意，那我们越国复仇的把握更大一些。"

于是越王勾践派文种出使吴国。文种通过太宰伯嚭拜见吴王夫差，他说："大王，越国地势低下，又发生旱涝灾害，粮食歉收，越国人民食不果腹。我请求从大王这里买些粮食，渡过灾荒。明年越国丰收了，会立即还给贵国。希望大王能施以援手，帮越国渡过难关。"

吴王夫差当即点头说："越王忠诚守信，义薄云天，对寡人更是忠心

---

❶ 先秦史料中并未记载馆娃宫与响屟廊。直到唐朝，众多诗人都曾留下过关于馆娃宫的诗赋，南宋名臣、文学家范成大曾写过一篇《馆娃宫赋》，文中第一句便是："灵严山寺，故吴馆娃宫也。"而范成大又是平江府吴县人，即今江苏省苏州市人，由此可见，当地对馆娃宫之事口口相传。或许日后考古发现，可以进一步证实馆娃宫之事。

耿耿，现在越国陷入困境，寡人不会吝惜财物，愿意帮助越国。"

伍子胥反对说："不行，吴越两国相邻，是不死不休的死对头。我暗自观察过文种，他此行前来并非为了买粮，而是在试探大王的心意。"

吴王夫差却说："寡人曾经打败过越王，并占领了越国。如今勾践早已臣服于寡人，他绝不可能反叛我。"

伍子胥据理力争说："人在穷途末路之时，会忍气吞声，居于人下。一旦得势以后，便会盛气凌人。勾践正是这种人，大王，您不能不防。"

吴王夫差不以为然地说："越国遭受饥荒，寡人送给越国粮食，这是恩惠。相信勾践会报恩的，你有什么可担心呢？"

伍子胥见吴王固执己见，非常愤怒地说："所谓狼子野心，与吴国有仇之人不可相信。大王现在不顾江山社稷，不听忠臣劝谏，反而轻信仇敌。臣已经看到了越国攻破吴国的景象，姑苏台变得破败不堪，王宫一片荒芜。大王，请您回顾一下武王伐纣之事。"

伍子胥在一国之君面前，说出国破家亡的预言，自然不会讨喜。吴王夫差又好大喜功，听完十分不悦。

太宰伯嚭插口说道："周武王是商纣王的臣子，他却率领诸侯讨伐自己的君主。虽然周武王赢得了战争，但不符合道义。"

伍子胥说："周武王也赢得了名声。"

太宰伯嚭趁机说："周武王凭借弑君篡位而成名，天理难容。"

伍子胥又说："窃取国家的人被封为诸侯，盗取金银财宝的人会被诛杀。假如武王背信弃义，他为什么要表彰箕子、比干、商容这三个人呢？"❶

---

❶ 《吴越春秋》："子胥曰：'盗国者封侯，盗金者诛。'"

18 勾践复仇——真假难分的故事

太宰伯嚭攻讦说:"伍子胥,你作为臣子,屡次三番干涉大王的行动,违背大王的旨意,你眼中还有大王吗?"

伍子胥当场反驳说:"太宰伯嚭,你接受越王的贿赂,在外与越国结交,在内又迷惑大王,请大王明察,不要被小人迷惑。"

吴王夫差自从即位后,一直打压伍子胥。他见眼前二人争辩,出言说:"太宰伯嚭说得对,伍子胥,你从不听从寡人之言,这不是忠臣的所作所为,倒像是奸佞谄媚之人。"

太宰伯嚭见大局已定,继续怂恿吴王说:"大王若想称霸天下,德行必不可少。既然邻国有难,我们必须施以援手。"

因此,吴王夫差给了越国上万石粮食,他命令文种说:"寡人顶住大臣的诽议,才将粮食送给越国。到了越国丰收之年,你们必须将粮食还给吴国。"

文种感激涕零地说:"我奉命返回越国,等年成一好,保证立刻归还。"

然而,第二年,当越国庄稼成熟时,文种命人挑选最上等的粮食放在蒸笼上蒸熟,然后还给吴国。

吴王夫差看见越国归还的粮食,颗粒又大又饱满,心中十分高兴。他甚至对太宰伯嚭说:"这些粮食不错,我们可以留着明年播种。"

第二年,这些粮食被播种到田地里,吴国收成大减,当年便闹起饥荒。❶

不久后,越王勾践找到范蠡询问说:"寡人想报复吴国,越军北上,水战可以乘船,陆战可以乘车,但是车船都会被吴国的强弓劲弩阻击,先

---

❶ 笔者对《吴越春秋》在此处的记载存疑。原因有三点,一是生粮食与熟粮食差异巨大;二是蒸熟的粮食不易保存,很快会发霉;三是吴王夫差至少是争夺天下的霸主,如果真的出现种在地里的粮食不发芽,他一定会对越国心生警惕。

生,您有什么好对策吗?"

范蠡回答说:"行军布阵依赖将士们的素质。我听说越国有位少女,剑术十分高超,不如大王请她来教越军剑法。"

越王勾践按照范蠡的指点,派人请少女前来。少女在赶来的路上,遇到一位自称袁公的老者。袁公问少女:"听说你善于舞剑,能让我见识一下吗?"

少女听到对方向自己请教,便有礼貌地回答:"小女不敢隐瞒,请老先生赐教。"

袁公闻言,折下一支上端干枯的竹子,他以竹为剑,斜挑刺向少女。这时竹梢干枯的部分落下,少女从空中接住竹梢,顺手还击,袁公立即飞跃上树,变成一只白猿。❶

少女拜见越王勾践时,对方问她:"小姑娘,你的剑术师承何方?"

少女说:"我出生在深山密林中,没人教我剑术,但我喜欢练剑,突然之间便顿悟了。"

越王勾践又问:"那你的剑术有什么特点呢?"

少女说:"其道甚微而易,其意甚幽而深。学习剑道的方法容易,但是其中蕴含的剑意却隐晦深奥。剑道如同门户一样,门户有开闭,剑道有阴阳盛衰。剑道要与剑意相通,呼吸运气不被人察觉,追逐对手时形来影

---

❶ 《吴越春秋》:"处女将北见于王,道逢一翁,自称曰袁公,问于处女:'吾闻子善剑,愿一见之。'女曰:'妾不敢有所隐,惟公试之。'于是袁公即杖箖箊竹,竹枝上颉桥,未堕地,女即捷末。袁公则飞上树,变为白猿。遂别去。"书中对少女与白猿打斗的描述仅有一句话,后世文人在《吴越春秋》的基础上,演绎出很多版本,金庸先生的《越女剑》,最初灵感也来源于此。

18 勾践复仇——真假难分的故事

去，剑光若有若无，不易被人发觉。学习这种剑术后，一人可抵百人，百人可抵万人。如果大王想试一下，会有立竿见影的效果。"

越王勾践见她剑术厉害，便封她为越女，并且命令越军中的优秀将士向越女学习剑术。

与此同时，范蠡又向越王勾践推荐了陈音。陈音是楚国人，非常善于射箭。❶

越王勾践问道："寡人听说你善于射箭，箭术之道起源于什么呢？"

陈音谦虚地说："我曾经研究过射箭技术，但还不能洞悉箭术之道。"

越王勾践追问说："即便如此，寡人依然希望你能略谈一二。"

陈音这时才回答说："弩是从弓衍生而来的，弓是从弹弓衍生而来的，弹弓起源于古代的一个孝子。古时候人民简朴质实，饿了就吃禽鸟野兽，渴了就喝露水。死了就用白茅包起来，抛在原野中。有位孝子不忍心看到父母的尸体被禽兽吃掉，所以制造了弹弓来守护父母的尸体，以杜绝禽鸟野兽的侵害。因此，古代有"断竹续竹，飞土逐害"的歌谣。后来神农、黄帝把弓弦绷在木头上制成木弓，把木材削成箭，凭借弓箭的锐利，黄帝得以威震四方。黄帝之后，楚国荆山有一位弧父，他在孩童时，便会使用弓箭，而且百发百中，他将箭术传给了有穷后羿，有穷后羿传给了逢蒙❷，逢蒙传给了楚国的琴氏。此时诸侯互相征伐，兵刃纵横交加，琴氏认为弓箭还不足以威服天下，他将强弓横过来，装上木臂，加上发箭的机

---

❶ 从《吴越春秋》的记载来看，越王勾践复仇，与楚人密不可分。范蠡是楚国宛地三户人；文种和陈音则出身于楚国迁都前的郢都，即江郢。

❷ 逢蒙是后羿的徒弟，善于射箭。逢蒙的后代被商朝廷封在逢地，并建立逢国，形成百家姓里先以姓为国、后以国为姓的一支。

127

关，以增加弓箭的发射力量，这便是弓弩。后来琴氏把这种制弩的方法传给了楚国的句亶王、鄂王、越章王三位王侯❶，从此，楚国世世代代都用桃木做成的弓、棘树做成的箭以防备邻国。自从楚灵王之后，箭术被分为不同流派，各派都有射箭能手，但没有人能得到真传。我的祖先在楚国学习的箭术，传到我这儿已经是第五代了。"❷

越王勾践听完他的剑术传承，信心大增，又询问射箭的方法。陈音有条不紊地一一回答，越王勾践大喜，便派陈音在北郊之外教越军学习射箭。三个月后，士兵们的箭术突飞猛进。❸后来陈音去世，越王勾践十分伤心，将他安葬在国都西边的山上，并将他的葬身之地更名为陈音山❹。

越王勾践隐忍多年，秣马厉兵，积攒实力的同时，他也在苦苦等待伐吴的机会，而吴王夫差心心念念争霸中原，将重心放在齐鲁大地上，这为越王勾践的复仇提供了契机。

---

❶ 熊渠曾僭越将三个儿子熊康、熊红、熊执疵封王，即句亶王、鄂王、越章王。后因周厉王即位，熊渠担心被周王室讨伐，又取消了三个儿子的王号。

❷ 陈音之言，也从侧面解释了楚国在春秋时期箭术高超的原因。春秋第一神箭手养由基便是楚国人。

❸ 越军以水师闻名天下。水战很难短兵相接，因此，远程攻击对越国十分重要，这或许是越国得以称霸天下的原因之一。

❹ 今浙江省绍兴市西南角。

19 艾陵之战
——春秋余晖里的纵横捭阖

前文有言，吴国曾有两次吞并楚国的机会，第一次在柏举之战，第二次则在公元前489年之后。

那一年，楚国中兴之主楚昭王折戟远征，而齐景公病逝后，齐国也发生田氏弑君的内乱，晋国又刚刚结束长达八年的内乱，智氏、赵氏、魏氏、韩氏四大家族把持朝政。

放眼天下，各路诸侯重新陷入混战。

对吴王夫差来说，他可以对楚国用兵，将楚国收入囊中后，吴国能够占据整个长江中下游地区，这是朱元璋统一天下的第一步。

可惜，历史没有假设，吴王夫差好大喜功，中原霸主之称对他有很大的诱惑，在机缘巧合下，吴王夫差选择了北上争霸的战略。

公元前488年，鲁国国君鲁哀公在鄫地会见吴国使臣，两国准备结盟。但吴国使臣要求以百牢作为宴请的规格❶。

按照礼乐制度，宴请顶级规格也不过是十二牢，因此，吴国的要求确实过分。鲁国大夫子服景伯拒绝说："鲁国先君从来没有开过先例，我们做不到。"

---

❶ "牢"字是典型的象形文字，象征着牛被关在牛圈里，因此，"牢"字最早是指关各种牲畜的地方，后来古代祭祀用的牛、羊、猪都称作牢，太牢意为牛、羊、猪各一头，少牢意为一猪一羊。所谓百牢，便是指一百头牛、羊、猪或者一百头猪和羊。

吴国使臣说:"宋国能做到以百牢宴请我们,鲁国没有理由做不到。况且鲁国招待晋国大夫都超过十牢,我们吴王享受百牢的待遇也在情理之中。"

子服景伯反驳说:"晋国的范献子士鞅为人贪婪,不遵从礼乐制度,他依靠晋国的权势欺压诸侯,鲁国迫于无奈,才以十一牢的规格宴请他。周朝一统天下,制定礼仪时规定宴请不得超过十二牢,因为十二是上天的大数❶。"

吴国使臣不肯听子服景伯的劝告,最终鲁国屈从于吴国,以百牢为规格宴请吴王夫差。

但事后子服景伯又说:"吴国将会灭亡,因为他们抛弃了上天,所以上天不会眷顾他们。"

鄫地会盟反映出吴国的影响力已经辐射到宋国和鲁国,而且鲁国大夫将吴国与晋国相提并论,这说明吴国已经成为中原诸侯不可忽视的力量。

同年秋天,鲁国起兵攻打邾国,兵力直抵国都城下。邾国国君邾隐公的孙子茅成子建议向吴国求援。邾隐公不同意,反驳说:"鲁国邻近邾国,而吴国远在两千里外,吴军没有三个月赶不来,怎能顾及我们?况且以邾国之力,足以抵抗鲁军。"

茅成子心生不满,率领封地茅邑之人叛出邾国。

邾隐公信念坚定,斗志顽强,他率领军队据守城池。结果鲁军大胜,他们攻破邾国国都,入城后驻扎在邾隐公宫中,在城内四处抢掠,并活捉邾隐公,将对方囚禁在负瑕❷。

邾国危难之际,茅成子不计前嫌,他带着五匹丝帛和四张熟牛皮,前

---

❶ 古代以天空为十二次,将十二认为是极数,因此衍生出一年有十二个月,一天有十二个时辰,对应十二地支,以及十二生肖等。

❷ 今山东省兖州市以西。

往吴国求援。茅成子说："鲁国认为晋国没落,吴国又太遥远,因此倚仗人多势众,背弃了与大王您在鄫地订立的盟约,并欺凌邾国。"

茅成子这句话,揭露了晋国衰落的事实,也解释了邾国舍弃晋国,转而求助吴国的原因。

他继续说:"如果任由鲁国肆无忌惮,我担心大王您的威信受损。连您也失去威信的话,四方诸侯,谁还会向吴国臣服呢?鲁国拥有兵车八百辆,并不是吴国的对手,邾国还剩下兵车六百辆,这些兵力也属于您,您不能拱手让与他人,请您慎重考虑。"

吴王夫差醉心于缔造霸业,于是他答应了对方的请求,借机出兵伐鲁。与此同时,齐悼公也派人出使吴国,协商齐、吴联合进攻鲁国。

齐悼公与鲁国的恩怨,始于一场不伦之恋。当年齐悼公在鲁国流亡之时,季康子曾将妹妹季姬许配给对方。齐悼公回国即位后,他派人前来迎接季姬回齐国。谁也没想到,季姬竟然与族叔季鲂侯私通,面对齐国使臣,季姬将不伦之恋的内情向哥哥季康子和盘托出。

季康子惊恐之余,担心日后东窗事发,于是他不敢将妹妹送往齐国。

齐悼公被拒后,勃然大怒,命齐军攻打鲁国。

鲁哀公面对齐、吴两大强国的攻伐,只能妥协求和。同年九月,鲁国将季姬送往齐国,与齐国和谈。同时,他们又将邾隐公释放,以此请求吴国撤兵。

然而邾隐公只是吴王夫差伐鲁的借口,因此,鲁国的妥协并没有换来和谈。太宰伯嚭奉吴王夫差之命,继续率军攻打鲁国。鲁国不敌,被迫与对方订立城下之盟。❶

---

❶ 《史记·鲁周公世家》:"(鲁哀公)八年,吴为邹伐鲁,至城下,盟而去。"邹国即邾国。

鲁国的投诚进一步奠定了吴国争霸天下的基础。蔡国和陈国最先服从吴国，随后宋国和鲁国又相继投靠吴国，令吴国可以直面齐、楚两国。而且鲁国投诚后，吴国北上伐齐的通道也被彻底打开。

吴王夫差并没有停止争霸的脚步，很快，在鲁哀公九年春天，即公元前486年，齐悼公派人出使吴国，感谢去年吴国出兵伐鲁之事，并告知齐、鲁已经和谈。

吴王夫差因为不满齐国私下与鲁国和谈，他在会见使臣时，很狂妄地说，去年寡人听从齐国之命，出兵伐鲁。如今齐国改变主意，令寡人不知所措。所以寡人将亲自前往齐国，与贵国国君当面对质。❶

此时，吴王夫差已经有了攻打齐国的计划。

吴国一向以水师闻名天下，但齐国远在山东地区，水师无法抵达。同年秋天，吴王夫差下令在邗地筑城，并开凿邗沟。邗沟连接了长江水系和淮河水系，从此吴军水师可以从长江出发，途经邗沟进入淮河，再沿淮河北上，便可直抵黄河流域。❷

同年冬天，吴王夫差又派使臣前往鲁国，通知对方伐齐的出兵时间。

---

❶ 《左传·哀公九年》："昔岁寡人闻命，今又革之，不知所从，将进受命于君。"
❷ 中国四大水系分别为长江水系、黄河水系、珠江水系以及淮河水系。黄河水系和淮河水系复杂交错，如今的黄淮平原也是因为黄河与淮河泥沙淤积而形成的，至今淮河水系都辐射着山东省南部地区。公元1194年，由于古人对黄河治理不善，黄河在阳武决堤，河水一路南侵，夺取了淮河的河道，这是世界上罕见的河道侵夺事件，史称黄河夺淮。直到七百多年后的清朝咸丰年间，黄河北迁，才结束了黄河夺淮的历史。根据遗留的地质地貌推断，两三千年前的降水量比现在充沛，这令吴国水师借河道北上，成为可能。邗地历经数次更名，在唐朝时期，改名为扬州，并沿用至今。由此可见，吴王夫差在邗地筑城并开凿运河的战略意义重大。

19 艾陵之战——春秋余晖里的纵横捭阖

数月后，在公元前485年春天，吴王夫差率领鲁、邾、郯三国攻打齐国南部边境，驻扎于鄎地❶。在吴国联军大举来犯之时，田常却将齐悼公弑杀考证参见附录9，借此讨好吴王夫差。齐人向吴国联军发送齐悼公的讣告，希望对方可以退兵。

依照伐丧不祥的原则，伐齐联军理应撤兵。可惜时代发展到春秋末期，礼乐制度早已千疮百孔，很多中原诸侯都不再信奉伐丧不祥的原则。更何况，吴国是这次伐齐的主力，他们更不在乎伐丧"祥"或"不祥"。

吴王夫差收到讣告后，站在联军阵营外整整哭吊了三天。三天后，吴王夫差下令，继续伐齐。

由于邗沟尚未完工，吴王夫差派徐承率领水师，沿海道北上攻入齐国。这是中国有史以来的第一场海战。不过齐军以逸待劳，击退了吴军的进攻。

在吴王夫差大举进攻齐国的同时，与齐国有仇的赵简子，也趁机率晋军伐齐。赵简子攻取齐国部分土地后，暂时下令退兵。

晋军刚离开，吴王夫差再次派使臣前往鲁国，第二次通知出兵伐齐的时间。

在吴王夫差秣马厉兵准备北上时，楚国趁机讨伐亲附吴国的陈国。楚国突如其来的出兵，打乱了吴王夫差的部署，同年冬天，吴国撤兵。

第二年春天，即公元前484年，齐国为了报复鲁国参与伐齐之战，大举南下，攻打鲁国，史称稷曲之战。

---

❶ 古地名，位于齐国南部。

孔门十哲之一的冉有❶在稷曲之战中表现神勇，暂时击退了齐军。

尽管齐军撤兵，可是齐国窃国者田常依然对鲁国虎视眈眈。此时，一个决定战争走向的人物，登上了历史舞台，他便是同为孔门十哲的子贡。

子贡原名端木赐，字子贡，他是端木姓氏的始祖。《史记》这样评价他："子贡一出，存鲁，乱齐，破吴，强晋，而霸越。"

子贡以一人之力，保存鲁国，扰乱齐国，破灭吴国，强大晋国，并使越国称霸。此时的子贡，仿佛是一滴水，折射出了整个时代的璀璨。

当时冉有已经将孔子请回鲁国。鲁国众人也知道田常不会善罢甘休，孔子对此深有顾虑，他召集弟子询问说："诸侯之间征战不休，我以此为耻。鲁国是我的祖国，你们谁愿意为国尽力，保住鲁国呢？"

子贡自告奋勇，领命出国游说。他最先北上前往齐国，在拜见田常时说："鲁国是个很难攻打的国家，您却要攻打鲁国，这是很草率的举动。"

---

❶ 冉求，字子有，通称"冉有"，尊称"冉子"，鲁国人。周文王第十子冉季载的嫡裔。《论语》记载："子曰：'从我于陈蔡者，皆不及门也。德行：颜渊、闵子骞、冉伯牛、仲弓；言语：子我、子贡；政事：冉有、子路；文学：子游、子夏。'"因此这十名弟子史称孔门十哲。但冉有是孔门十哲中唯一被逐出师门的弟子，《论语》同时记载："季氏富于周公，而求也为之聚敛而附益之。子曰：'非吾徒也，小子鸣鼓而攻之可也。'"这是因为冉有的政治主张与孔子相背离。公元前498年，因为鲁国国君的权力被"三桓"架空，而"三桓"之下的家臣又慢慢坐大，于是孔子借"隳三都"之名，实行改革，加强鲁国国君的权力。而后"三桓"之一的季氏与孔子交恶，孔子离开鲁国，周游列国。冉有却帮助季氏家族敛财，深受孔子厌恶，于是被逐出师门。但冉有在稷曲之战中表现神勇，他游说季氏，最终请孔子回国，此时孔子已年近七十。在孔子中晚年时，二次弭兵会盟带来的和平已经结束，吴国崛起于东南，晋齐火拼后国内权臣独大，礼崩乐坏已无可挽回，因此，孔子的政治抱负与大时代格格不入。尽管孔子为千古圣人，但他在当时的年代，对历史事件所起的推动作用有限，笔者仅提炼春秋主线，暂且将孔子生平略过。

田常听完反问道:"鲁国实力不强,为什么是最难打的诸侯呢?"

子贡说:"鲁国城防薄弱,内无强臣,外无强兵,您不应该攻打鲁国。依我之见,您不如攻打吴国。吴国城防森严,守将善战,士兵精锐,这才是容易攻打的国家。"

田常听完,勃然大怒说:"你认为难以攻打,别人都认为容易攻打;你认为容易攻打,别人都认为难以攻打。你这样教唆我,是什么意思?"

子贡此时才说:"您别生气。我听说您前后三次向国君请求封赏,却都被拒绝了。这是因为齐国群臣还没有臣服于您。您想通过攻打鲁国建立功勋,以此换取功劳。可是齐国实力强,战胜鲁国理所应当,这些功劳与您无关,反而让他人得利。到那时,您在上与国君渐行渐远,在下与群臣离心离德。如此一来,田氏在齐国的处境危如累卵。而攻打吴国则截然不同,吴国实力强大,齐国伐吴,势必会全力而为。届时齐军大举出征,国内守备空虚,您可以顺势孤立国君,进而控制齐国。"

田常刚刚继承田氏家主之位,醉心于夺取权势,子贡恰恰说到了他的心坎上。田常怒气消散,恭敬地请教说:"如今齐军已经在鲁国城下,现在撤兵会引起他人的警觉,我该如何行事呢?"

子贡早有准备,回答说:"您先按兵不动,我去南方拜见吴王,请吴王出兵救援鲁国。等吴军一到,您可以顺理成章地发兵迎击吴军。"

田常大喜,二人私下订立约定。

子贡不仅位列孔门十哲,还是儒商的始祖。子贡对利益交换以及人性的把握非常精准,他游说田常的这番话术,精髓便是"将欲取之,必先予之"。子贡想让齐国退兵,可他先抛出了一个田常无法拒绝的诱饵,这便是帮助田常掌控齐国。这番利益交换后,双方都达成了目的,其中充斥的权谋，值得后人深思。

子贡离开齐国后，很快南下拜见吴王夫差。他游说对方说："大王，我听说王者不绝世，而霸者无强敌。千钧之重，加铢两而移。❶称王之人不会让其他诸侯绝嗣，称霸之人则没有强大的敌人。吴国兵力之强，犹如千钧之重，即使施加轻微的力量，也会对吴国产生影响。如今万乘之国的齐国想要吞并千乘之国的鲁国，他们一旦得逞，接下来便会与吴国一争强弱，我十分替您担忧。您不如救援鲁国，一来可以彰显您的名声，二来能够打击齐国，三来可以威慑晋国，请您三思。"

吴王夫差不由得心动，但他仍有顾虑，回答说："尽管如此，寡人担心吴军出征时，越国会趁机报复吴国。不如这样，等寡人灭掉越国后，再按照您的计谋行事。"

子贡则说："如果按照您的计划，齐国会将鲁国吞并，到时候您将无力与齐国争锋。如果您畏惧小小的越国，而不敢和强大的齐国作战，这算不上勇敢；您只看到眼前的小利而忘记大的祸患，这算不上明智。既然您畏惧越国，不如让我东去拜见越王，让他派兵跟随您一同北上，越军在您的控制下，您便会无后顾之忧。"

吴王夫差听完，不禁拍案叫绝，当即同意了子贡的计谋。

越王勾践听说子贡前来，举行了非常隆重的欢迎仪式，并亲自驾车将子贡送到客舍中。越王勾践询问子贡说："越国偏僻狭小，国人愚昧无知，您怎么会屈尊来到这里呢？"

子贡意有所指地说："因为您在此地，所以我来了。"

---

❶ 《史记·仲尼弟子列传》："千钧之重，加铢两而移。"此为成语出处。

越王勾践听完，连拜两拜，磕头触地说："我听说祸福相邻，您前来出使，是我的福分，请您多多指教。"

他身为一国之君，却摆出了这样卑微的姿态。子贡见状，开门见山地说："我最近拜见了吴王，劝说他出兵攻打齐国。但吴王有后顾之忧，这个后顾之忧便是您。大王，假如您不想报仇，却被别人怀疑，这说明您不聪明；如果您有报仇的想法，却被别人知道了，这是很可怕的；如果您还没动手，却提前被人知道，这后果不堪设想。我说的以上三点，是成事的大忌。"

越王勾践见子贡都能看出他想复仇，立刻又拜了两拜，隐晦地说："先生所言极是。我父亲早年去世，我年少轻狂，与吴国为敌，结果大败而归，至今被困于海边。如果您有金玉良言为我指点迷津，我将感激不尽。"

子贡将计划和盘托出，他说："如今吴王想攻打齐国和晋国，您可以献重金给吴国，支持吴王出兵。如果吴军战败，您可以消耗他们的兵力；如果吴军战胜，吴王会将矛头对准晋国。晋国实力更在齐国之上，一旦他们与吴国征战，您依然可以从中得利。"

越王勾践的城府很深，他没有立刻答应子贡，而是说："我也想有朝一日和吴国开战，但是越国实力微弱，不足以重创吴国，先生您有什么对策呢？"

子贡说："吴王为人好大喜功，不懂得利弊得失。他数次发动战争，国人疲惫，国库空虚。伍子胥这种重臣被打压，太宰伯嚭这种奸臣当道，您不必担心。"

越王勾践非常高兴，但他依然没有表态，而是送给子贡百镒黄金、一把宝剑、两匹好马，子贡则谢绝了对方的好意，没有接受赏赐。

随后，子贡返回吴国，他再次拜见吴王夫差说："大王，越王听说您将他视为后顾之忧，他惊恐不已，正派使臣前来吴国谢罪。我先行一步，向您通报，使臣随后便到。"

子贡在吴国逗留五天后，越国使臣果然前来。使臣拜见吴王夫差说："大王，越国人民因为得到您的恩赐才苟活至今。现在听说您想成就霸业，越国虽小，愿效犬马之力。越王准备动员全国三千甲士，由他亲自率领，作为吴军的先锋。即使我们全部战死，也死而无憾。"

吴王夫差感动至极，他召见子贡询问说："越国使臣果然前来，越王也愿意亲自率三千甲士随寡人北上。"

子贡反对说："大王，您不能掏空他国，随您征战。齐桓公、晋文公、楚庄王这些春秋霸主都没这样做过。如果您想称霸，一定要先树立威望。不如您收下越国的贡品和甲士，让越王在越国留守。"

因为有越军随行，吴王夫差顾虑大减，于是同意了子贡的建议。

子贡游说齐国、吴国、越国后，并没有立刻回国，而是动身前往晋国，拜见时任晋国国君晋定公。子贡说："大王，凡事预则立，不预则废。如今吴国和齐国开战在即，一旦吴国战败，越国一定会趁机伐吴，如果吴国战胜，吴王一定会率兵逼近晋国。您身为一国之君，有何对策呢？"

晋定公反问说："您有什么对策呢？"

子贡说："您需要积极备战，以防不测。"

晋定公点头同意，子贡此时才返回鲁国。子贡走遍半个东周帝国，游说四个国家，他用自身的经历，勾勒出吴国伐齐那些错综复杂的利益纠葛。这是早于战国的纵横捭阖案例，子贡以一己之力，让吴、齐两国对阵沙场。

伍子胥反对子贡的游说，他再次向吴王夫差劝谏，绝不能攻打齐国，而要联齐灭越。吴王夫差称霸之心蠢蠢欲动，他拒不纳谏，准备出征。

公元前484年，吴王夫差调集九个郡的士兵，北上与齐国作战。吴军从胥门出发，经过姑苏台时，正值白天，然而吴王夫差忽然困意来袭，他很快沉沉睡去，并做了一个奇怪的梦。醒来后，吴王夫差有一种怅然若失的感觉。

于是他召见太宰伯嚭说："寡人刚刚做了一个梦，你来预测一下梦的吉凶。在梦中，寡人走入章明宫，看见有两口锅，锅底下没有烧火，锅中却热气蒸腾，旁边有两条黑狗，一条朝南叫，一条朝北叫。两把铁锹竖直地插在寡人的宫墙上，流水浩浩荡荡漫过寡人的宫殿大堂，后宫则传来拉动风箱时的摩擦声，仿佛有工匠在打铁，而殿前院中有梧桐树横着生长。"

太宰伯嚭回答说："恭喜大王，您此次伐齐必会大获全胜。您梦到了章明宫，章有德行高尚之意，明有声名远播之意，预示您的德行会声名远播。两口锅底下无火而锅中热气蒸腾，预示大王的圣德之气充盈；两条狗分别朝南叫和朝北叫，预示四方各族已经归服；两把铁锹竖直地插在宫墙上，预示吴国田地里有人耕种；流水浩浩荡荡漫过宫殿大堂，水代表财富，预示邻国会向吴国进贡，国库会满溢出来；后宫有风箱声，预示大王的后宫安稳，宫女们琴瑟和鸣；殿前院中横着生长梧桐树，代表官署中的鼓声，预示满朝文武为您竭尽全力。"

这番话令吴王夫差十分高兴，可在高兴之余，他心中仍不踏实，于是找来王孙雒询问。

王孙雒的主张与伍子胥相同，他也认为应该先平定越国。王孙雒听完吴王夫差的梦境，不由得心中一凛，他推托说："大王，下臣玄学造诣不高，无法解答您的梦境。下臣向您推荐一个精通占梦的人，他是东掖门亭长、长城公的弟弟——公孙圣。这人从小行遍四方，见多识广，又懂得鬼神之说，请大王向他询问。"

吴王夫差派王孙雒去请人，王孙雒找到公孙圣以后，将事情的来龙去脉告诉对方，请对方一断吉凶。

公孙圣听完趴在地上放声痛哭，过了好一会儿才起身。其妻不解，开口问道："你之前一直希望面见吴王，现在得到吴王召见，你怎么反而泪如雨下？"

公孙圣仰天长叹说："你有所不知，今天是壬午日，此刻正当午时，结合吴王的梦境，恐怕吴王命不久矣。我不仅为自己感到悲哀，更为吴王悲哀。"

妻子又说："既然吴王赏识你的道术，你应该用道术劝谏吴王，也应该用道术约束己身，而不是患得患失，不知所措。"

公孙圣反驳说："我得道已有十年，本打算隐居世外，趋吉避凶。现在得到吴王召见，一切休矣。"

公孙圣郑重地和妻子告别，又说道："我如果不解梦，可以保全我的身家性命和名誉，我如果解梦，则一定会死在大王面前，而且会被大王碎尸万段。但我身为吴国臣民，不惧生死。"

公孙圣拜见吴王夫差说："大王，好战者必亡，我不顾性命冒死劝谏，请您慎重考虑。梦是反的，您梦里的章明宫，寓意也是反的。所以"章"预示您作战不能取胜，而且仓皇败逃，"明"预示您离开光明，走

19 艾陵之战——春秋余晖里的纵横捭阖

向黑暗；锅底下没有火而锅中热气蒸腾，预示您将吃到熟食❶；两条黑狗分别朝南北方向而叫，预示吴国将在南北方向顾此失彼；两把铁锹直插在宫墙上，预示军将攻陷吴国，毁掉吴国的江山社稷；流水浩浩荡荡漫过宫殿大堂，预示王宫将空荡荡；后宫的风箱声，预示吴人在长声叹息；殿前横长的梧桐树，不能用来做器具，只能做殉葬的木偶，用来和死人一起下葬。我劝大王按兵不动，同时推行德政，再派您的臣下太宰伯嚭和王孙雒袒胸露背，光脚向越王勾践磕头谢罪，唯有如此，吴国才能安然存在，您也会免除性命之忧。"

吴王夫差听完，果然勃然大怒，他反驳说："寡人是天命之子，你竟敢诅咒寡人？"

公孙圣心知在劫难逃，他仰天长叹说："苍天在上，我一片赤胆忠心却惨遭横死，正直劝谏却不如曲意逢迎。请把我埋在深山中，坟前立个木柱，我以后会借此发出声响。"

吴王夫差却派人将他的尸体带到蒸丘❷，诅咒说："寡人要让豺狼吃你的血肉，野火烧你的骨头，东风吹散你的残骸，看你如何发出声响。"

吴王夫差处理好公孙圣，立刻点兵十万，命太宰伯嚭担任右校司马，王孙雒担任左校司马，同时安排越军随行，北上伐齐。

当年柏举之战的重臣伍子胥和孙武，都没有出现在征战的名单中。伍子胥得知大军即将开拔，又一次劝谏说："大王，您发动十万将士，远征

---

❶ 《吴越春秋·夫差内传》："大王不得火食也。"笔者认为，"不得火食"对应着寒食，而寒食节是古代的祭祀节日，等同于清明节祭祖。公孙圣是委婉表述吴王夫差将死之意。

❷ 一名蒸山，在今江苏省苏州市西郊。

千里，国库一日的花销多达数千金。您不顾将士和百姓的死活，只争一时之利，这是治国大忌。况且您带着越军一同出征，却没有察觉到其中的危险。越国可是我们的心腹之患，一旦发作，将会置我们于死地，希望大王能先平定越国，再考虑北伐齐国。我对吴国一片赤胆忠心，请大王三思。如今我已经年迈，耳不聪目不明，无法再为吴国出力，不过我私下看了一眼《金匮》❶第八章，情况不容乐观。"

吴王夫差好奇地反问道："此话怎讲？"

伍子胥回答说："您这次伐齐，虽然开始时会取得小胜利，但不久后必会大败，天降灾祸，便在眼前。"

吴王夫差不听劝谏，在各方势力波诡云谲的谋算中，他终于开启了伐齐之战。同年五月，吴军与鲁军会合，攻克了齐国博地❷。五月二十五日，联军抵达嬴地❸，并驻扎于此。

嬴地在艾陵附近，距离齐国都城临淄接近一百千米。可吴军驻扎位置的选择，展现了吴军的军事素养。因为嬴地在泰莱盆地的东北部，如果继续向齐国都城挺进，只有泰山和鲁山之间的一条路可走。这条路夹在两山之间，非常适合设伏。因此吴军选择在嬴地驻扎。

吴王夫差志在必得，伐齐联军方面尽遣精锐，投入兵力多达十万。鲁国几乎举国出战，子贡也亲自参战。

齐国面对来势汹汹的敌军，却有人欢喜有人愁。齐国群臣担忧不已，

---

❶ 金匮原意是贵重的盒子，后世很多中医著作，都以金匮命名，诸如《金匮要略》。在数千年前，中医的发展与玄学密不可分，伍子胥口中的金匮，应该是玄学书籍。
❷ 今山东省泰安市东南。
❸ 古地名，今山东省莱芜市西北。

19 艾陵之战——春秋余晖里的纵横捭阖

可田常却欣喜异常，他早已计划借战争消耗国内竞争对手的实力。

因此，齐国并没有求和，他们也投入十万兵力，与联军阵前厮杀。齐国名门国、高二族族长分别为国书和高无丕，国书统率齐军精锐的中军，高无丕统率上军。

田常则派出弟弟田书和族人田豹出战。战前，田常对弟弟说："你若阵亡，我一定会让田氏一族崛起。"

田书则坦然回答说："这一战，我只会出击，绝不收兵。"❶

击鼓出击和鸣金收兵是基本的作战指令，而在大型会战中，对阵双方都会部署战术，军人必须服从指挥。田书说"只会出击，绝不收兵"，将扰乱齐军的指挥，并导致严重的后果。

可惜，齐军中的其他将领，并不知道田氏族人的阴谋。他们在作战中，表现出了视死如归的勇气，却无法扭转这场注定的败局。

公元前484年五月二十七日，双方在艾陵交战，史称艾陵之战。

开战之初，吴军的右军击败了齐国的上军，而齐国的精锐中军则击败了吴军的上军。在战事胶着之时，吴王夫差率领吴军精锐的中军，作为预备役投入战场，并一举击溃齐军的中军，最终大获全胜。

齐国权贵国氏族长国书战死，高无丕战败❷，国、高两族从此一蹶不振。此外，吴军还斩杀了齐军数名将领，并缴获了革车八百乘，以及齐军首级三千颗。

如果说吴军用柏举之战惊艳了春秋的军事家，那么艾陵之战则展现了

---

❶ 《左传·哀公十一年》："此行也，吾闻鼓而已，不闻金矣。"
❷ 艾陵之战后四年，即公元前480年，逃出齐国，前往燕国流亡。

吴国在春秋末期一骑绝尘的军事实力。

艾陵之战对后世产生了深远影响，它助长了吴王夫差争霸中原的野心，让越王勾践抓住了复仇的契机，它也消耗了齐国的国力，田氏一族借艾陵之战打击了竞争对手，一百多年后，田氏一族最终篡夺了姜氏齐国的正统。

20 黄池会盟
——福兮祸之所伏

艾陵之战结束后，吴王夫差率军凯旋，他志得意满地责备伍子胥说："寡人的先王实行仁政，上天可鉴，因此先王立下不世之功，他却因为你与强楚结成仇敌。万幸，先王立下了破楚的不世功勋，当然，其中也有你的功劳。可惜你现在老糊涂了，总是滋生变故，挑拨离间，扰乱寡人的千秋大计，此番寡人攻克齐国，你在其中出了什么力？"

伍子胥愤怒地回答："先王依靠我们，从未让吴国陷入灾祸。如今大王您抛弃肱股之臣，却没有注意到吴国的隐患，北伐齐国不过是小孩子的计谋，根本不能让吴国称霸。如果大王您现在幡然醒悟，为时未晚，否则，吴国命不久矣。我伍子胥不忍心看着大王被人擒获，导致吴国破灭，这才称病隐退。如果我先死，请把我的眼睛挂在城门上，我要亲眼看到吴国灭亡。"

吴王夫差一向好大喜功，此番伐齐又是他的得意之作，不料被伍子胥迎头痛斥。他暗自不满，心中对伍子胥起了杀机。

不久后，吴王夫差举办庆功宴，宴请北伐功臣，他甚至将越王勾践也请来赴宴。吴王夫差当众宣布说："寡人听闻君主不轻视有功之臣，父亲不憎恨得力之子。如今太宰伯嚭为寡人立功，寡人将赏赐他上等爵位。越王慈爱仁厚、忠诚守信，他以孝道服事寡人，寡人将再增大他的国土，以回报他派兵协助寡人讨伐齐国的功劳。诸位有何意见？"

群臣恭贺道:"大王德行崇高,虚心养士,有功之臣得到赏赐,灭亡之国得到生存,您为吴国建立的霸业,群臣都会受到恩泽。"

在一片歌功颂德中,伍子胥趴在地上痛哭说:"太可悲了,忠贞之臣缄口不言,奉承之人喋喋不休,吴国的江山社稷将会不保。"

吴王夫差听到这样大煞风景的话,勃然大怒道:"你伍子胥老奸巨猾,是吴国的妖孽。你只想独揽大权,耀武扬威,一个人左右寡人的江山。寡人念及先王和你的情分,才不愿杀死你,你别得寸进尺,退下去反省吧。"

吴王夫差让伍子胥反省,实则是逼他自尽。伍子胥回答说:"从前夏桀杀了关龙逄❶,商纣杀了王子比干,现在大王诛杀我,您会和桀、纣并驾齐驱。请大王好自为之,我先告辞了。"

伍子胥回去后,对被离说:"先王听从我的计策,攻破我的仇敌楚国,我原本想报答先王的恩情,却不料有今天的下场。我不为自己惋惜,你与我主张相同,我担心吴王也会对你动手。"

被离叹息说:"大王不听劝,你自杀又有什么用呢?不如逃走吧。"

伍子胥说:"天下之大,我能逃到哪里去呢?"

话虽如此,伍子胥并非无路可逃。他一直主张联齐灭越,当年出使齐国时,伍子胥也曾将儿子托付给齐国的鲍氏。或许很早之前,伍子胥便猜到了结局。

艾陵之战归来后,吴王夫差听说了伍子胥之子的事情,他怀疑伍子胥

---

❶ 传说是夏桀时的贤臣。

私通敌国，便派人赐给伍子胥一柄属镂剑❶。

伍子胥接过宝剑，站在院中，仰头向天喊冤说："我最初是你父亲的忠臣，建立了吴国都城，又出谋划策击败楚国，征服越国，力压各诸侯国，成就了吴国的霸业。如今你非但不采纳我的劝谏，反而赐剑让我自尽。我今日一死，吴国江山社稷必会凋零。况且当年先王本不想立你为太子，我拼死相争，才让你坐上吴王之位，如今你却恩将仇报，实在让我寒心。"

伍子胥挣扎之时，传信的人已经将他的话转告给吴王夫差。吴王夫差愤怒地说："你早已对寡人不忠，艾陵之战前，你趁出使齐国之机，将儿子托付齐国鲍氏，这是铁证。"

他说完，紧急传令，逼伍子胥动手。

伍子胥手握长剑，感慨万千地说道："我死后，后人一定会将我视为与关龙逄、比干一样的忠臣。"

伍子胥伏剑自杀。他死前自比为忠臣，实则暗指吴王夫差是桀、纣一样的昏君。

吴王夫差怒气未消，他派人取来伍子胥的尸首，割下头，挂在高楼上，余下的尸身则用皮袋装起来抛到江中。

吴王夫差赐死伍子胥之后，又将被离的头发全部剃光，作为惩罚。

王孙雒见到二人的下场，从此不敢上朝。他是吴王夫差执政后期的重臣，担任吴军左司马一职。他不上朝，引起了吴王夫差的好奇，吴王夫差派人召见他问道："您是不是对寡人不满才不上朝的？"

---

❶ 剑名。

王孙雒实话实说:"大王,我害怕。"

吴王夫差心知肚明,他把这层窗户纸捅破说:"您认为寡人杀伍子胥,手段太狠了吗?"

王孙雒回答说:"大王怒气正盛,伍子胥身为人臣,大王随意杀掉,我的性命和伍子胥没有不同,所以我才害怕。"

吴王夫差安慰说:"你别怕,寡人之所以刺死伍子胥,是因为他图谋加害于寡人。"

王孙雒说:"作为一国之君,您一定要有敢于直言劝谏的臣子,身为上位者,也要有敢于说话的朋友,伍子胥是先王的老臣,如果他不忠诚,不可能成为先王的臣子。"

吴王夫差听完这番话,不由得后悔错杀了伍子胥,于是他说:"寡人杀掉伍子胥,是因为太宰伯嚭进谗言,既然如此,那寡人杀了太宰伯嚭吧。"

王孙雒没有附和吴王夫差,反而说:"大王您别杀太宰伯嚭,否则太宰伯嚭会成为第二个伍子胥。"

王孙雒这番话,有着强烈的明哲保身意愿,吴王夫差的态度变幻莫测,万一他附和对方,但对方没有杀死太宰伯嚭,日后太宰伯嚭一定会报复自己。

无论如何,伍子胥之死在吴国国内引起了群臣的恐慌。从此在吴国朝堂上,无人主张先平越国。

伍子胥死后第二年,即公元前483年,吴王夫差再次准备北伐。越王勾践得到消息后,找来文种询问:"先生,寡人采用您的计划,取得了不错的成效。您曾经说过,如果得到复仇的良机,会立刻告诉寡人,请问。此时寡人可以复仇吗?"

20 黄池会盟——福兮祸之所伏

文种点头确认："吴国之所以强大,是因为有伍子胥。如今伍子胥因直言劝谏而被赐死,吴国气数将近。大王可以准备复仇之事了。"

越王勾践听从了文种的建议,开始动员伐吴的军队。在备战就绪之时,越王勾践又找范蠡询问："吴王已经杀掉了伍子胥,他身边都是阿谀奉承的小人,越国民众也期待伐吴复仇,您觉得可以出兵了吗?"

范蠡则说："现在不是最好的时机,我们需要按兵不动,静观其变。"

吴国的强大深入人心,越王勾践听从了范蠡的建议,越国在备战之余,越王勾践也静观事态发展。此时,吴王夫差一无所知,他依然谋求称霸中原。为此,吴国又挖通了宋国和鲁国之间的运河阚沟,并进一步打通了中原的水系,使吴军水师可以从江淮地区直入济水,抵达齐国境内。

在吴王夫差看来,万事俱备,伐齐势在必得。他唯恐朝中群臣劝谏,因此,他在朝堂上下达了一道政令——敢有进谏者,一律处死。政令之下,群臣噤若寒蝉。可太子友为了吴国的江山社稷,决定放手一搏,冒险劝谏。

某日清晨,太子友故意将衣服和鞋子弄湿,然后从后花园走来,在父亲身边游荡。吴王夫差看见他狼狈的样子,不禁开口询问："你怎么会如此狼狈,鞋子和衣服都湿了?"

太子友回答："儿臣刚才在后花园游玩,听见秋蝉鸣叫,想走近观瞧。秋蝉趴在高高的树枝上,自以为很安全,却不知道在它身后,螳螂正高举着爪子靠近。螳螂全神贯注地向前爬,却不知道黄雀徘徊在树荫中,准备抓住时机捕食螳螂。黄雀也不知道,我正手握弹弓,准备将它打下来。我当时全神贯注,没留意身旁有个大坑,不慎失足掉入坑中,才会如

此狼狈。"❶

吴王夫差听完，忍不住哈哈大笑。他说："天下没有比你更蠢的人了，你只看见眼前的好处，却没看到身后的祸患。"

太子友趁机说："父王，您有所不知，天下还有比这更蠢的事情。鲁国尊崇周礼，又有孔子的教化，但齐国却只顾眼前利益，兴兵伐鲁。齐国只顾伐鲁，却不知道我们准备大举北伐齐国。然而我们在出兵之际，却不知越王正磨刀霍霍，计划趁吴国兵力空虚，攻入我们的王城，屠杀我们的民众。天下没有比这更危险的事情了。"

吴王夫差明白对方的用意，但没有听从太子的劝告，脸色阴沉地离开了花园。很快，吴王夫差便率令主力大举北伐。时隔一年，吴军再次抵达艾陵，又一次击败了齐军。

吴王夫差携战胜之威，在回师路上，绕路宋国，他下令大军在黄池❷驻扎，并派使臣前往晋国，威逼对方前来会盟。

晋国赵简子陪同晋定公一起率晋军前去黄池。

吴王夫差为了取得诸侯霸主的正统，还请来了周王室的代表单平公，希望对方作为见证人。

晋、吴双方剑拔弩张，没有人知道诸侯霸主将花落谁家，然而此时，越王勾践却抓住了吴国兵力空虚的良机，在公元前482年六月十二日，出兵伐吴。越军出动水师两千，嫡系六千，精兵四万，近五万大军，兵分两路，北上复仇。

---

❶ 《说苑·正谏》："园中有树，其上有蝉，蝉高居悲鸣饮露，不知螳螂在其后也；螳螂委身曲附欲取蝉，而不知黄雀在其傍也。"成语"螳螂捕蝉"出自此。

❷ 今河南省新乡市封丘县境内。

20 黄池会盟——祸兮福之所伏

范蠡率北路越军驻扎在东海边,截断吴军的退路。越王勾践率主力击败吴国太子友的守军,太子友战死沙场。越王勾践打通松江水路后再逆流而上,兵困吴国都城。

吴军主力在外,留守兵力不足,攻守双方兵力相差悬殊。吴军不敢出城迎战,他们退守国都,依靠城防拖延时间,并立刻派信使前往黄池通报军情。

越军并没有给吴国拖延的机会,六月二十三日,他们发动猛攻,攻破吴国都城。据说越军入城后,火烧姑苏台,并抢走了吴国的战船。

信使日夜兼程赶到黄池,向吴王夫差呈上战报。吴王夫差心知大事不妙,但他终究是一代霸主,没有惊慌失措,更没有自乱阵脚。为了防止噩耗被各路诸侯得知,吴王夫差心狠手辣,亲手将七名吴军信史杀于军帐之中。

随后,吴王夫差召集商议对策,他面色凝重地说:"我军远离国土,如今骑虎难下,是放弃会盟回援有利,还是与晋国争霸有利?"

王孙雒说:"开弓没有回头箭,我们只能继续争霸,等大王成为盟主后,您可以调集诸侯,讨伐越国。如果现在放弃会盟,不仅吴国霸业功亏一篑,诸侯们也会对吴国落井下石。"

王孙雒的顾虑很现实,愿意锦上添花的人,往往更愿意落井下石。吴王夫差明白王孙雒的言外之意,他最终决定,不惜一切代价,逼迫晋国妥协,并迅速结束黄池会盟。

为了达到目的,当日黄昏,吴王夫差下令全军将士吃饱喝足,喂好战马，整备兵器和铠甲，灭掉炉灶中的余火，口衔行枚❶，在黑夜中急行军，迅速逼近晋军驻扎的大营。

吴军不愧是当世精锐之师，他们的中军将士身穿白色盔甲，手执白旗，随军弓箭手身背白色羽毛的短箭，从上到下都是白色装备，显得军容异常齐整。相应地，左军将士一身红色装备，右军将士一身黑色装备。吴军以方阵队形前进，光身披铠甲的精锐，便多达三万六千人，他们在行进中有条不紊，三军之间清晰分明，吴王夫差站在队列中间，他手持大斧，头上飘扬着主帅战旗，看上去威风凛凛。

经过一夜急行军，吴军在鸡鸣时分抵达晋军营帐外一里，他们摆好阵势，吴王夫差亲自敲响战鼓，三军将士高声呼喊，以振军威，一时间吴军士气如虹。

晋军猝不及防，他们大为惊骇，不敢应战。赵简子下令晋军依托防御工事备战，同时派使臣前往吴军阵前询问缘由。

使臣拜见吴王夫差，询问："大王，晋、吴两国约定在正午时分会盟，贵国为何背弃约定呢？"

吴王夫差将罪责推到晋国身上，开口回答说："尽管王室日益衰微，但天子有令，约定各国进贡。可诸侯们不听天子号令，导致王室无法举行祭祀。此时，却没有姬姓诸侯国前来援助，天子心中惶恐，数次派使臣前来吴国告急。想当年，晋国护驾有功，最得天子信赖，又被封为诸侯霸主，如今晋国不顾礼乐制度，背叛天子。既然晋国不作为，那吴国同为姬

---

❶ 在行军过程中士兵用嘴叼着的木片或者小短棍，作用是让士兵们在行军中保持静默，不发出喧哗的声音。

姓国，只好接替晋国的盟主之位，完成匡扶王室的使命。烦请你把寡人的话转达给晋国国君，寡人率军在此等候。"

黄池会盟期间，周王室的当朝天子是周敬王，他与晋、吴两国有着深厚的渊源。早在公元前520年，天子周景王驾崩，周悼王即位。不到一年时间，王子朝联合党羽，弑君篡位，夺取天子之位。

晋国出兵勤王救驾，击退王子朝后，拥立周悼王之弟即位，这便是当今天子周敬王。

王子朝心有不甘，一直觊觎王位。公元前516年，王子朝逃亡楚国❶，当时楚国是唯一能与晋国抗衡的诸侯，他希望楚国可以出力，帮他夺取王位。

周敬王一直将王子朝视为心腹大患，可是这次王室内乱，又牵扯出晋、楚两大强国，周敬王有心杀敌，无力回天。

谁料，十年后，吴国在柏举之战中重创楚国，楚国国破家亡，无力庇护王子朝。公元前505年，周敬王趁机派刺客前往楚国，将王子朝杀死。王子朝的党羽在次年起兵，周敬王被迫出逃。直到公元前503年，他才在晋国的帮助下，返回国都。

随着吴国的崛起，周敬王有意与吴国交好。正是因为这些渊源，当今天子与晋、吴两国关系密切。

---

❶ 如今研究春秋最重要的先秦史料，便是《春秋》和《春秋》三传，但这些著作都源于鲁国国史，难免带有地方志的色彩，无法全面地记录当时的历史大事。从逻辑上推断，春秋历史最权威的史料，应当来源于周王室的档案和典籍。可惜，在周王室内乱初期，王子朝控制了王城，在他投奔楚国的同时，也将周王室的档案典籍一起带走。这些典籍如今下落不明，后人只能寄希望于更多的考古发现。

吴王夫差扛起匡扶王室的大旗，指责晋国背叛天子，目的是借助春秋大义，逼迫晋国低头。

晋国使臣没有被对方的气势震慑住，他在旁不断地察言观色，隐约感觉吴王夫差的神色不太对劲。他拜见完吴王夫差，立刻回营通报，并将对方的原话转述给晋军高层。

晋军众人散会，各自走出营帐，使臣私下找到赵简子，对他说："我在吴军大营中，察觉吴王心事重重，我推测吴国国内发生了变故。小则宠姬或太子去世，或者吴国内乱，大则越国已经起兵攻入吴国境内。吴王疾行而来，又咄咄逼人，说明他此时进退两难。我提议晋军应该先避其锋芒，毕竟吴军破楚伐齐，实力不容小觑，我们不如后退一步，静观其变。"

同年七月初六，晋、吴两国争执歃血的先后顺序，双方争执了一天，都没有结果。先歃血者，地位较高。当年二次弭兵会盟时，晋、楚双方也曾因为歃血顺序而发生争执。

在黄池会盟中，赵简子不愿放弃霸主之位，他计划与吴军作战。正因为赵简子是主战派，使臣才会拉住他，并告诉对方这个重要消息。

赵简子恍然大悟，他明白了吴军咄咄逼人的原因。于是赵简子转身回到中军帐中，拜见晋定公，劝谏说："大王，臣建议，可以让吴国先歃血为盟。"

晋定公是被架空的国君，他立即同意了对方。

最终，晋、吴两国订立盟约之时，吴王夫差在前，晋定公在后。而吴王夫差为了坐实盟主之名，他在回师的路上，又派王孙雒出使周王室，寻求天子认可。

王孙雒跪在周敬王面前说:"楚国曾经不向天子进贡,吴国先君阖闾忍无可忍,率军与楚昭王一战,并且大获全胜。如今齐国比楚国有过之而无不及,吴国国君夫差不忍王室无人匡扶,因此率军与齐国大战,我军再次取得大胜。只因夫差有军务在身,不能亲自前来朝见,他特地让下臣向您汇报。"

　　周敬王已经知道晋、吴两国的黄池会盟,他见吴王夫差有匡扶王室之意,自然十分高兴。周敬王回答说:"寡人很欣赏伯父,伯父又与诸侯订立了盟约,王室有伯父匡扶,寡人再无忧愁。"

　　随后,周敬王赏赐给吴国弓弩和祭肉,并提高了吴国的爵位和谥号,变相地承认了吴王的霸主之位。

　　直到此时,吴王夫差依然没有意识到,吴国的江山社稷已经危在旦夕。他在回师路上,以宋景公没有赴黄池之会为由,计划率军讨伐宋国。而且他的计划十分血腥,吴王夫差想杀掉宋国的男人,掠夺宋国的妇女。❶

　　连太宰伯嚭都意识到了事情的严重性,他阻拦说:"大王,万万不可。虽然吴军可以战胜宋国,但宋国身为四战之地,易攻难守,请您尽快率兵回援吴国。"

　　于是吴王夫差放弃了原有计划,他率兵回国后,却在同年冬天,与越国和谈。

　　此时,出现了一个令人不解的千古谜团,既然越王勾践已经大举入侵吴国,以吴王夫差的性格,他势必会与越国不死不休,可偏偏吴国与越国和谈了。

---

❶ 《左传·哀公十三年》:"王欲伐宋,杀其丈夫而囚其妇人。"

《左传》仅仅记载了一句话："吴及越平。"

司马迁在《史记》中也给出了他的理由："越自度亦未能灭吴，乃与吴平。"即：越国认为自身实力不足以灭吴，所以选择和谈。

《史记》记载，四年后，越国重新伐吴，吴国人民困苦，吴军精锐都死于对齐国和晋国的远征中，兵力空虚，最终越军大破吴国。

由此推断，在吴越和谈之事上，越国占据了主动。

一个帝国的衰落，内部原因往往起到决定性作用。正是因为吴王夫差连年征战，才给了越国可乘之机。

此外，楚国与越国的联盟，也起到了推波助澜的作用。❶

---

❶ 先秦史料以及西汉众多史书，都没有提及楚国和越国的联盟，仅有《国语·吴语》中提到楚国大夫申包胥曾经出使越国，与越王勾践讨论灭吴的策略，而且《国语·吴语》中也没有明确记载楚国与越国联盟。

21 勾践灭吴
——越国背后的影子诸侯

在越王勾践偷袭吴国两年后,公元前480年夏天,楚国开始伐吴,令尹子西与大夫子期率兵攻入吴国境内的桐汭❶。

桐汭与越国边境近在咫尺,如果楚国与越国联盟,楚军沿桐汭进攻,可以与越国相互援手,这一细节值得人们深思。

同年,臣服于吴国的陈国派使臣前往吴国慰问,以示声援。随后不久,吴国在艾陵之战中的盟友鲁国,却与齐国和谈。至此,齐、鲁、郑、卫重新结盟,这也让吴国在中原诸侯之间的影响力有所下降。

仅仅一年后,即公元前479年,楚国便发生了一场充满阴谋的内乱。❷

《左传·哀公十六年》记载:"吴人伐慎❸,白公败之。"

这场看似寻常的征战,背后却充满了不合理性。自从吴王夫差北上争霸以后,在长达十年的光阴中,史书中几乎没有吴国伐楚的记录。而且慎地距离蔡国新都州来不足百里,吴国攻打慎地,一定会取道蔡国。

如果吴国真的有意伐楚,当时吴国与楚国大面积接壤,他们会有很多进攻路线可选择,而借道蔡国进攻慎地的路线,最是一言难尽。原因正是出在史书中记载的"白公"身上。

---

❶ 今桐水,发源于安徽省宣城市所辖广德市境内。
❷ 同年,公元前479年四月十一日,孔子去世。
❸ 古地名,今安徽省阜阳市颍上县西北。

白公不是旁人，他正是与伍子胥一同流亡到吴国的公子胜。公子胜与伍子胥和吴国有着千丝万缕的联系，他的祖母后来也被迎接到了吴国。

伍子胥在世时，公子胜的叔叔子西已经官拜楚国令尹。后来令尹子西想将公子胜召回楚国，并安置在吴楚边境，让他守卫楚国边疆。

叶公❶曾反对说："公子胜为人狡诈而且野心勃勃，将他召回，楚国会出现祸乱。"

令尹子西没有听从叶公的建议，他最终召回公子胜，并将他安置在白邑❷，从此公子胜也被称为白公胜。

白邑距离慎地不远，而且此地位于淮水岸边，是楚国东北方向的战略重镇。吴军借道蔡国入侵慎地，势必会与白公胜兵戎相见。

正如叶公所言，白公胜是一个野心勃勃之人，他不仅没有感激叔叔令尹子西的提携，反而因为另一件事而憎恨起叔叔。

当年他的父亲太子建被郑国所杀，所以白公胜非常仇视郑国。他曾经数次请求攻打郑国，而令尹子西以楚国尚未恢复元气为由，拒绝了他的请求。

后来晋国伐郑，令尹子西却出兵救援，并主导了楚国与郑国结盟。白公胜大怒，公然宣称，此仇不报，誓不为人。

白公胜亲手磨剑准备复仇时，恰巧被令尹子西之子公子平看到❸，公子

---

❶ 叶公原名沈诸梁，姬姓，沈氏，名诸梁，字子高。他是楚国前左司马沈尹戌之子，因封地在叶邑，被称为叶公。叶公是叶姓始祖，也是中国历史上有文字记载以来的叶地第一任行政长官。刘向在《新序·杂事五》中记载了"叶公好龙"之事，由此引出了成语"叶公好龙"，据笔者考证，《新序》中的相关记载与史实不符。

❷ 今河南省信阳市息县以东。

❸ 《左传》有关此处的记载为子期，结合上下文，笔者认为《左传》记载有误。

平询问:"王孙,您为什么要亲自磨剑呢?"❶

白公胜回答:"我是直性子,藏不住话,实不相瞒,我要杀死你的父亲。"

公子平听完,立刻找到父亲汇报:"白公胜想要杀您。"

令尹子西并不知道白公胜的杀人动机,他误以为对方要夺权,因此根本不相信,他答复儿子:"我是他的叔叔,又一直庇护他,他不会杀我。况且我死后,白公胜不是担任令尹,便是担任司马,他没有必要杀我夺权。"

白公胜听闻叔叔的话,不仅没感激,反而说:"令尹子西,你真的太猖狂了,我一定不会让你善终。"

白公胜对他叔叔尚且如此,可想而知,他对楚国的忠诚,会有几分可靠。

吴军进攻慎地,被白公胜击退。白公胜则以向楚王献俘虏为由,请求进入郢都时不解除武装。楚惠王不足二十岁,他没有察觉到对方的用意,便同意了对方的请求。

于是白公胜趁机率领全副武装的军队,进入郢都作乱。同年七月,他在朝廷上杀了令尹子西和大夫子期❷,并劫持了楚惠王。

与此同时,吴国的附庸陈国也趁机出兵侵袭楚国。

我们复盘白公胜叛乱的过程,可以发现,无论是吴国入侵慎地,还是陈国出兵伐楚,这背后都透露出阴谋的味道。

所幸天不亡楚,在危难之时,叶公力挽狂澜,他一人身兼令尹和司马

---

❶ 白公胜为楚平王之孙,因此被称作王孙。

❷ 二人都是一年前领兵伐吴的将领。

两大要职，率领楚人平定内乱，解救了楚惠王。白公胜败局已定，最终上吊自尽❶。

在楚国白公胜之乱的数月后，公元前478年三月，越王勾践又一次率兵攻打吴国。吴王夫差派兵应战。

双方在笠泽江❷两岸对峙，吴军驻扎于北岸，越军驻扎于南岸。越王勾践亲率六千人的嫡系部队，作为中军，他又将其余兵力平分，设立了左右两军。

原本吴、越双方约定在次日进行水战。可是当天黄昏时分，越王勾践命令左军人马衔枚，沿着笠泽江逆流而上五里待命，同时命令右军人马也衔枚，向下游行军五里待命。

半夜时分，越王勾践传令，让左右二军击鼓渡江，在水上待命。吴军听到战鼓震天，顿时军心慌乱，他们纷纷叫嚷说："越人兵分两路，夹击我们。"

吴王夫差面对突如其来的变故，迅速将吴军也分为左右两军，分别防御上下游的越军。

然而此时，越王勾践又命令中军悄悄渡江。中军没有发出声响，渡江后，片刻不停，向吴军发动偷袭。吴军应对不及，阵脚大乱，最终败北，史称笠泽之战。**考证参见附录10**

在笠泽之战后不久，楚国趁机出兵伐陈，并为陈国的历史画上了句号。百年前，晋国为了制衡楚国，采取了申公巫臣提出的联吴制楚方案。

---

❶ 白氏家谱记载，白公胜后人逃往秦国，秦地白姓之人，都是白公胜的后人，因此战国名将白起，也是白公胜的后人之一。

❷ 松江。

21 勾践灭吴——越国背后的影子诸侯

随着陈国灭亡，以及鲁国投靠齐国，此时，齐、鲁、郑、卫、楚五国彻底将晋、吴两国割裂。由于晋国自身的衰落，他们无力南下救援吴国，至此，长达百年的晋、吴联盟宣告终结。而仅仅称霸数年的吴国，却困顿于东周版图的东南一隅。

其实，赵简子曾经有南下援助吴国的意图❶。在楚国灭陈之际，赵简子攻打卫国，可惜齐国迅速出兵，打乱了赵简子的计划。

同年十一月，卫国内乱，赵简子再次出兵攻打卫国。此时，晋军攻破了卫国都城的外城，可是赵简子却下令停止进攻。这次停战充分展现了赵简子身上所具有的时代性，当时他说："趁他国内乱而灭国，赵氏将会断子绝孙。"❷

为了打通援救吴国的通道，赵简子扶持卫襄公之孙公子般师为卫国国君，随后晋军班师回朝。可是仅仅不到一个月，齐国便出兵攻打卫国，并俘虏了晋国的傀儡公子般师。卫国请求和谈，齐国以改立公子起为卫国国君为条件，答应了和谈。

此时，赵简子援助吴国的计划彻底落空。两年后，即公元前476年，赵简子去世，他的儿子赵襄子继承赵氏之位。

同年，越王勾践率军佯攻楚国，以迷惑吴国。❸

公元前476年，天子周敬王驾崩，严格意义上的春秋时代就此终结。

---

❶ 赵氏与齐国接壤，因为地缘关系，赵氏比晋国的其他氏族更需要与吴国联盟，因此赵氏族人才会积极救援吴国。也是因为地缘因素，在后世的战国时期，赵国常常与齐国兵戎相见。

❷《左传·哀公十七年》："怙乱灭国者无后。"

❸《左传·哀公十九年》："十九年春，越人侵楚，以误吴也。"

公元前475年，越王勾践再次兵困吴国。此时赵襄子的饮食起居，比服丧的规格还低。❶

赵襄子的家臣楚隆询问："三年的丧礼已是极致，您现在比极致还低，是不是有其他原因？"

赵襄子回答："当年在黄池会盟时，我父亲曾经和吴王有过盟誓，现在越军包围吴国，我不想背弃父亲的盟约，一直想出兵抵抗越国。然而我力有不及，晋国也不是当年的晋国，所以我只能用这种方式来表示心意。"

楚隆则说："您有这样的心意，应该让吴王知道。"

赵襄子叹息说："如今吴国被围，恐怕我没有机会了。"

楚隆自告奋勇地说："那请您让我试试。"

随后楚隆南下吴越之地，他先到越军大营游说越王勾践。越军胜利在握，越王勾践并没有为难他，同意让楚隆进入吴国。

楚隆拜见吴王夫差时，将赵襄子的心意传递给对方。吴王夫差感动不已，他跪拜磕头说："是寡人没有才能，让赵大夫忧虑了。"

王图霸业转瞬成空，吴国已经山穷水尽，吴王夫差无以为报，他只能拿出一小盒珍珠，请楚隆转送给赵襄子。吴王夫差感慨地说："勾践让寡人活着受罪，寡人会不得好死的。"

公元前473年，冬，十一月二十七日，越国灭吴。越王勾践有意吴王夫差，他留下对方性命，将他安置于甬东❷，吴王夫差早已猜到越王勾践的用

---

❶ 当时赵简子去世，赵襄子正为父服丧，饮食应该简化。又因为晋国无力救援吴国，所以他的饮食比服丧的规格还低，赵襄子以此表示哀悼与自责。

❷ 今浙江省宁波市舟山岛。

意，于是拒绝说："孤老矣，焉能事君？"

而后吴王夫差自缢身亡，保留了他作为春秋霸主的最后尊严，越人则将他的尸体带回国。

很多历史人物的际遇，都令人感慨万千。所谓英雄末路，便是吴王夫差的写照。

纵观勾践灭吴的始末，越国一直与楚国有着千丝万缕的联系，越王勾践的外孙是楚惠王，而且越王勾践倚重的大夫范蠡、文种甚至陈音，都是楚国人。但是，当越王勾践称霸中原时，这些楚人却都退出了越国的政治中心，这一细节，引人深思。

㉒ 屠戮功臣
——越王勾践的阴翳心性

孔子作《春秋》，书中最后一年，止于鲁哀公十四年，即公元前481年。《左传》则对勾践灭吴之事一笔带过。从春秋到战国，中间存在一百多年的编年史断档。因此，史书中缺乏越王勾践称霸中原的细节。

在先秦史料中，《国语·吴语·勾践灭吴夫差自杀》中提到，"越灭吴，上征上国，宋、郑、鲁、卫、陈、蔡执玉之君皆入朝"。即：勾践灭吴后，北上征伐中原诸侯，宋、郑、鲁、卫、陈、蔡等诸侯国的国君都向越国称臣。

可是陈国已经在公元前478年被楚国灭亡，因此，《国语》的记载存在漏洞，需要更多的史料印证。

关于越王勾践称霸，后世流传最广的版本，源自司马迁的《越王勾践世家》。文中说：勾践灭吴后，便率兵北渡长江、淮河，和齐国、晋国等各诸侯在徐州会盟，并向周王室进献贡品。周元王派人赏赐勾践祭肉，并称他为"伯"，即周王室认可勾践为诸侯霸主。越王勾践离开徐州后，他渡过淮河南下，将淮河流域的土地送给楚国，把吴国侵占宋国的土地归还给宋国，再把泗水以东的方圆百里之地送给鲁国。此时，越军在长江，淮河以东畅行无阻，诸侯皆来拜贺，至此，越王号称霸王。

《吴越春秋》在此处几乎原文引用了《史记·越王勾践世家》的记载。不过《吴越春秋》在随后给出了更多的细节，这为后人带来了更多的

22 屠戮功臣——越王勾践的阴翳心性

视角。

越王称霸中原后，准备返回越国时，曾寻问范蠡："先生，您为什么总能一语道破天机？"

范蠡回答："因为我修行的是素女❶之道，这种道术暗合天道。"

越王勾践又问道："那寡人应不应该称王呢？"

范蠡回答说："您不能称王。当年吴国称王时，因为僭越使用了天子名号，所以天象发生了变化，太阳被月亮吞噬❷，这是不祥之兆，最终吴国被您灭亡。如果您效仿吴王，也会出现不祥之兆。"

越王勾践没有得到自己想要的答案，他没有听从范蠡的建议。在越军回到吴国故地后❸，越王勾践大摆宴席，与群臣作乐。

席间，越王请乐师奏乐，范蠡和文种二人借着音乐唱歌，歌词意味深长，大意是吴王杀了伍子胥，越国得到了伐吴的机会。

文种唱完，端着酒杯祝贺说："苍天保佑越王，君不忘臣，臣尽其力，一杯美酒再次高举，祝大王万寿无疆。"

可是越王勾践却坐在原地沉默不语。

文种见对方没说话，继续劝酒说："我王贤仁，灭仇破吴，不忘返国，一杯美酒再次高举，祝大王万寿无疆。"

台下群臣喜笑颜开，欢笑声不绝于耳，唯独越王勾践脸上没有笑容。

范蠡向来了解越王勾践的秉性，宴席结束后，他本想从吴国故地直接离去，但又担心有失人臣道义，于是决定与越王勾践回越国后再离开。在归途

---

❶ 古代神话人物，与黄帝同一时代。《黄帝内经》中记载黄帝向素女请教医术之事。

❷ 日食。

❸ 当时越国已经吞并了大部分吴国土地。

中，范蠡劝文种说："文先生，你应该离开了，否则越王一定会杀了你。"

越国势头如旭日东升，荣华富贵近在眼前，文种对范蠡之言不以为然。范蠡不忍心，又留给文种一封信，信中写道：天有四时，春生冬伐，人有盛衰，泰终比否，知进退存亡，方为贤者。范蠡不才，但知进退。狡兔死、走狗烹，飞鸟尽、良弓藏。越王为人，只可与其共患难，不可与其同富贵，你若不走，他必杀你。❶

范蠡的话，已经说得非常直白，但文种不肯急流勇退。

公元前473年，范蠡准备隐退，他知道越王勾践城府深，为人阴险。范蠡想全身而退并不容易，他不住地思量措辞，直到心里有定数，才动身去找越王勾践。

范蠡跪地磕头说："大王，臣听闻主忧臣劳，主辱臣死。当年我陪大王去吴国为奴，您受此奇耻大辱，我却没有以身殉国，并不是因为我怕死，而是我想助大王成就称霸伟业。如今大王复仇成功，功成名就，请允许我就此告别。"

范蠡的话术十分高明，他用短短几句话，既说明了自己的苦劳与功劳，也提到了当年他与越王勾践共患难的情谊。范蠡希望对方念在昔日的情分上，放自己归隐山林。

越王勾践听完便流下眼泪，泪水打湿衣裳，他哭着说："范大夫，越国的大夫都支持您，越国的人民都赞美您，寡人也将性命和国号托付给您，等候您的命令。可是现在您却要离开，这岂不是天要亡我？寡人私下

---

❶ 《史记·越王勾践世家》："飞鸟尽，良弓藏；狡兔死，走狗烹。越王为人长颈鸟喙，可与共患难，不可与共乐。子何不去？"成语"兔死狗烹"和"鸟尽弓藏"便出自于此。

22 屠戮功臣——越王勾践的阴鸷心性

与您商议，您若是不走，寡人愿意与您共分江山社稷，如果您一定要离开，寡人便灭你全家。"

越王勾践之言意味深长，他提到越国大夫和百姓都拥戴范蠡，这说明范蠡有功高盖主之嫌，最后他又用范蠡家人性命要挟，可见越王勾践阴险狡诈，生性凉薄。

范蠡或许是世间最了解越王勾践的人，他没有妥协，而是说："君子应该伺机而动，计谋不重复使用，至死不被怀疑，也不会自欺欺人。大王，我去意已决，祸不及家人，请您好自为之，我就此告辞。"❶

范蠡的思路很清晰，他知道，越王勾践之所以不愿意放他离去，并非念及旧情，而是担心范蠡投靠其他诸侯，毕竟范蠡、文种等人，都是楚人。范蠡提到的"计不数谋"，则委婉地向对方表明，他帮助越国复仇的计谋，不会再次使用。

范蠡说完便离开，一叶扁舟，出三江，入五湖，无人知道他的去向<u>考证参见附录11</u>。

范蠡归隐后，越王勾践立即变脸，他脸色阴沉，召来文种询问："你能把范蠡追回来吗？"

文种摇头回答："大王，此事绝无可能，您就别去追他了。"

越王勾践见状如此，便收养了范蠡的妻子和儿女，封给他们百里之地，并且告诫全国，不准打扰他们。同时他为范蠡铸造了一尊金像，并放在他的座位旁边。越王勾践与金像朝夕相对，讨论政事。

---

❶ 《吴越春秋·勾践伐吴外传》："臣闻君子俟时，计不数谋，死不被疑，内不自欺。臣既逝矣，妻子何法乎？王其勉之！臣从此辞。"

之前越王勾践以范蠡全家性命相要挟，此时却善待他的妻子和儿女，这件事，结合越王勾践的心性，更像是一种要挟。如果范蠡真的对越国不利，那他留在越国的妻子和儿女，便是越王勾践手上的筹码。

随着范蠡的隐退，越国的另一位谋臣计然开始装疯卖傻，同时，很多越国大夫也日渐疏远越王勾践，不再接近朝廷。

大夫文种号称"春秋第一毒士"，他也察觉到了风声不对，也不再上朝。此时有人向越王勾践进谗言说："您称霸诸侯以后，文种没有加官进爵，他对您满腹抱怨，所以才不上朝。"

越王勾践还没有表态，文种听闻消息，进谏解释说："大王，我当年为了辅佐您复仇灭吴，早起晚归，不辞劳苦，如今大王您已经复仇成功，解除了心腹大患，不再需要我上朝为您谋划。"

文种也委婉地提及自己的功劳和苦劳，可是越王勾践听完，依然没有表态。

当时鲁国因为三桓之乱，国君鲁哀公与三桓争斗不休，奈何三桓实力强大，鲁哀公被迫离开鲁国流亡。他几经辗转，逃到越国避难。鲁国君位无人，鲁人只好南下迎接鲁哀公，并请求越军出手平乱。可是越王勾践担心文种等人图谋不轨，没有出兵。

范蠡隐退的次年，越王勾践终于对文种下手。那年五月，越王勾践召见文种，询问说："文先生，知人易，自知难。谁能知道相国您究竟是怎样的人？"

这句看似不经意的话，实则蕴藏着无数凶险。越王勾践话中有话，他是想问对方，知人易，自知难，文种如何确定自己不会做出对越国不利的事情呢？

22 屠戮功臣——越王勾践的阴鸷心性

文种也很了解越王勾践的为人和心性，他心知大事不妙，今日恐怕在劫难逃，于是回答说："可悲啊，大王知道我勇敢，却不知道我仁慈；知道我忠诚，却不知道我守信。我心中有话，说出来必死无疑，可即便如此，我今日也要一吐为快。吴王夫差临死前，曾经对我说，狡兔死，良犬烹，敌国灭，谋臣亡。大夫范蠡也说过类似的话。如今您问我这句诛心之言，应了玉门第八之兆，我明白大王您的意思了。"

文种知道自己死期将至，他在出言暗讽越王勾践忘恩负义。

越王勾践听完文种的话，再次脸色阴沉，一言不发。文种也没有多言，两人的关系一时陷入僵局。

文种回家后，在食鼎中装上大便。他的妻子震惊地问："夫君，越国大王即使再低贱，也是一国之君，给了您不少俸禄，您怎么能做这种荒唐事呢？况且您原本是一介平民，能登上相国之位，实属不易，请不要贪得无厌。"

文种长叹一声说："夫人，你有所不知。如今越王灭吴成功，他再无后顾之忧。他今日说知人易，知己难。这是在试探我。我回答以后，他又沉默不语，说明他已经对我动了杀机，况且，今日我拜见大王时，正好应了玉门第八之兆，这是一个凶兆，预示着上位者将要戕害下位者，如果大王再召见我，那便是我的死期，我命不久矣。"

果然，不久后，越王勾践再次召见文种，并且对他说："相国，您精通阴谋兵法，可以倾覆敌军，夺取他国，您为寡人献上的伐吴九术，寡人只用了三条，便已攻破吴国，其余六条还在您那里，希望您去阴间为越国的先王灭吴。"

他的意思已经十分明确，不过把"寡人送你去死"换了一种说法。

文种仰天长叹说:"我后悔没有听从范蠡劝告,才会被越王所杀。"

越王勾践赐给文种一柄宝剑,文种取剑后,又说了一句意味深长的话:"南阳之宰,而为越王之擒❶。"

南阳之宰,意为楚国南阳的首席官员。换言之,文种临死前,承认他是楚国的官员。

从文种的这句话,回想越王勾践那句"知人易,自知难。其知相国何如人也?"的诛心之言,这背后蕴藏的残酷权谋,令人不寒而栗。

文种自刎后,越王勾践将他厚葬在国都的西山上。

越王勾践杀掉忠臣,称霸关东,在琅琊兴建观台,以观东海❷。至此,越国以八千死士、三百战船,成为春秋战国过渡时期不可忽视的一支力量。

---

❶ 《吴越春秋·勾践伐吴外传》:"南阳之宰,而为越王之擒。"

❷ 《越绝书》:"勾践伐吴,霸关东,从琅琊起观台,台周七里,以望东海。"

回望千年之春秋大事年表

公元前770年，周平王东迁洛邑，开启春秋时代。秦襄公因护送平王东迁有功，被封为诸侯，并赐岐西之地。虢公翰拥立周携王为天子，东周进入二王并立时代。

公元前769年，郑武公灭郐及周围小诸侯，并迁都至新郑。

公元前760年，晋文侯袭杀携王余臣，周王室统一。周平王赐予晋国征伐权力，从此晋国可借王室旗号，裂土开疆。

公元前745年，晋昭侯封叔叔成师于曲沃城，号桓叔。曲沃城邑大于翼都。

公元前743年，郑庄公封弟弟共叔段于京城，京城大于国都新郑。

公元前741年，楚厉王卒，王弟熊通杀太子，取而代之自立为王，史称楚武王。

公元前739年，晋大夫潘父杀晋昭侯而迎立曲沃桓叔，晋人击退曲沃叛军，拥立晋孝侯为国君，晋国开始曲沃代翼的进程。

公元前733年，卫桓公废黜异母弟公子州吁，公子州吁外出流亡。

公元前731年，晋曲沃桓叔卒，曲沃庄伯即位。

公元前724年，晋曲沃庄伯伐翼，杀晋孝侯，晋人击退曲沃庄伯，拥立晋孝侯之弟为国君，史称晋鄂侯。

公元前722年，鲁国史书《春秋》开始第一年记事；《左传》起笔。同年，郑庄公平共叔段之乱。卫国借机伐郑，郑庄公率周王室天子军以及虢国军队伐卫，开创了诸侯联合征伐他国的先河。

公元前720年，周桓王试图削弱郑庄公卿士权力，最终双方交换质子，周郑交恶。同年，宋殇公即位，公子冯前往郑国避难。

公元前719年，卫国公子州吁弑杀卫桓公，自立为君，并联合宋、陈、蔡三国一同伐郑，围困郑国东门。郑庄公击退卫、宋、陈、蔡联军。石碏设计杀死公子州吁，拥立卫宣公即位。

公元前718年，晋曲沃庄伯伐翼，同年秋，曲沃庄伯叛周，周王室征讨曲沃城。晋人立晋鄂侯之子为君，史称晋哀侯。

公元前716年，晋曲沃庄伯卒，曲沃武公即位。

公元前715年，郑庄公引荐齐僖公前往周王室朝觐。同年，周桓王任命虢公忌父为卿士，分散郑庄公之权。

公元前714年，郑庄公以宋国不朝觐天子为由，出兵伐宋。周桓王以郑庄公自作主张为借口，剥夺郑庄公卿士权力。同年，秦国迁都平阳。

公元前713年，宋殇公联合卫、蔡攻打郑国，郑庄公率军抵御，击退宋国联军。同年，郑、鲁、齐三国结盟。

公元前712年，鲁桓公弑君篡位，鲁隐公卒。

公元前711年，郑庄公与鲁桓公结盟。

公元前710年，宋国华父督弑杀宋殇公，迎立公子冯回国为君，史称宋庄公。

公元前709年，晋曲沃武公伐翼，俘虏晋哀侯。晋人立晋哀侯之子为君，史称晋小子侯。

公元前707年，周、郑繻葛之战，郑军箭射天子，周王室威望扫地。

公元前705年，晋曲沃武公诱杀晋小子侯。

公元前704年，晋曲沃武公伐翼，周桓王派虢公林父前往翼城，册立晋哀侯之弟为国君，史称晋侯缗。同年，楚武王在沈鹿会盟中僭越称王。

公元前703年，虢公林父率天子联军讨伐曲沃，取得大胜。

公元前701年，郑庄公卒，太子忽即位，史称郑昭公。郑公子突借宋国之力，政变夺权，自立为国君，史称郑厉公。郑昭公前往卫国流亡。

公元前699年，郑、鲁、纪三国联军败宋、齐、卫、燕四国联军。

公元前698年，宋庄公率齐、蔡、卫、陈联军伐郑，攻破郑国国都新郑城池。

公元前697年，郑厉公暗杀祭仲失败，外逃流亡。郑昭公复辟。同年，郑厉公前往栎地，割据一方。

公元前696年，宋、鲁、卫、陈、蔡五国联军伐郑。卫惠公被逐，前往齐国流亡，公子黔牟即位，史称卫君黔牟。

公元前695年，郑大夫高渠弥弑杀郑昭公，祭仲、高渠弥拥立公子亹为国君，史称郑子亹。

公元前694年，齐襄公杀鲁桓公，鲁国太子同即位，史称鲁庄公。同年，齐襄公杀郑子亹，祭仲拥立公子婴为国君，史称郑子婴。

公元前690年，齐襄公灭纪，报齐国九世之仇。同年，楚武王卒，楚文王即位。

公元前689年，楚国迁都于郢城。同年，齐襄公帮助卫惠公复辟。

公元前685年，连称、管至父弑杀齐襄公，齐桓公即位，管仲拜相。同年，齐、鲁乾时之战，鲁军败绩。

公元前684年，齐、鲁长勺之战，齐军败绩。六月，齐、宋联军攻打鲁国，鲁军在乘丘击败宋军，齐军退兵。

公元前681年，齐、宋、陈、蔡、邾北杏会盟。

公元前680年，郑厉公弑杀郑子婴，复辟。同年，楚文王伐蔡灭息。

公元前679年，齐桓公二次鄄地会盟，齐国开始称霸。同年，晋曲沃武公攻打翼城，杀死晋侯缗，结束数十年的曲沃代翼进程。

公元前677年，秦国迁都于雍城。

公元前675年，楚文王卒，楚堵敖即位。同年，王子颓作乱，周惠王外出流亡。

公元前673年，郑厉公平定王室之乱，周惠王复辟。周惠王将虎牢关以东赐给郑厉公。

公元前672年，陈公子完前往齐国避难，担任工正一职，更姓氏为田氏。晋献公攻打骊戎，灭其君，获骊姬姐妹。

公元前669年，晋献公血洗公族，杀群公子。

公元前668年，晋献公着手准备假道伐虢。

公元前667年，齐桓公组织幽地会盟，周天子承认齐桓公霸主之位。

公元前661年，晋献公更改军制，成立上下二军，赵、魏两家逐渐壮大。

公元前658年，晋献公第一次假道伐虢，攻取虢国下阳城。

公元前657年，齐桓公与江、黄两国会盟，谋求伐楚。

公元前656年，齐、楚对决召陵会盟。

公元前655年，齐桓公组织首止会盟，与周王室太子郑结盟。同年，晋献公杀晋太子申生。晋公子重耳、公子夷吾相继流亡。晋献公第二次假道伐虢，灭虢国、虞国。

公元前652年，齐桓公组织洮地会盟，拥立太子郑登基，即周襄王即位。

公元前651年，齐桓公组织葵丘会盟，齐国霸业登上巅峰。同年，晋献公卒，齐桓公、秦穆公扶立公子夷吾为国君，史称晋惠公。

公元前650年，晋惠公杀里克，并背弃秦、晋之约，两国关系恶化。

公元前649年，公子带第一次叛乱。

公元前648年，周襄王平乱，王子带前往齐国流亡。

公元前645年，齐、楚一战江淮。同年，管仲去世。晋公子重耳离开狄国，再次流亡。

公元前643年，齐桓公去世。齐国众多公子夺位。易牙扶立公子无亏为国君，齐太子昭流亡至宋国。

公元前642年，宋襄公平齐乱，齐人杀公子无亏，立太子昭为国君，史称齐孝公。

公元前639年，楚、宋争霸。楚成王于鹿上会盟之际俘虏宋襄公。同年，将其释放。

公元前638年，楚、宋泓水之战，楚军大胜，宋襄公重伤。

公元前637年，宋襄公卒。同年，晋公子重耳流亡至楚国，晋公子重耳向楚成王许下"退避三舍"之约。

公元前636年，秦穆公护送晋公子重耳回国即位，史称晋文公。晋文公杀晋怀公，平定晋国内乱。同年，王子带二次作乱。

公元年635年，晋文公平定王子带之乱。

公元前633年，楚成王率郑、蔡两国伐宋。晋文公准备援宋，改制为三军六卿制。

公元前632年，晋、楚城濮之战，晋军大胜。同年，晋文公组织践土会盟，周襄王册封晋文公为霸主。

公元前630年，秦、晋两军围郑，烛之武退秦师。秦、郑结盟，晋军退兵。

公元前628年，晋、楚和谈。同年，晋文公卒，晋襄公即位。

公元前627年，秦军奇袭郑国失败，灭滑国而西归。秦、晋崤之战，晋军大胜。

公元前625年，秦、晋彭衙之战，晋军胜。

公元前624年，晋、宋、陈、卫、郑五国伐沈。同年，秦军渡黄河攻晋，晋军不出，秦军取王官及郊地，前往崤之战战场，裹师而还。

公元前621年，晋襄公卒，赵盾执掌国政，扶立晋灵公为君。

公元前620年，秦、晋令狐之战，晋军胜。同年，晋国召集齐、宋、卫、陈、郑、许、曹之君盟于扈，赵盾主盟，开创了卿大夫主持会盟之先河。

公元前618年，五将乱晋，赵盾平乱，成为晋国权臣。同年，楚穆王北上用兵，伐郑、陈两国。

公元前617年，晋伐秦，取少梁；秦伐晋，取北征。同年，楚穆王联合陈、蔡、郑一同伐宋，宋服楚。

公元前615年，楚穆王俘房舒、宗两国国君，灭巢国。同年，秦、晋河曲之战，秦师退。

公元前614年，楚穆王卒，楚庄王即位。

公元前613年，楚国内乱。

公元前611年，楚庄王借秦、巴两国之力，灭庸。

公元前608年，晋、楚北林之战，楚军胜。

公元前607年，赵盾弑其君，立晋成公为国君。

公元前606年，楚庄王伐陆浑之戎，陈兵王畿之地，问鼎中原。

公元前605年，楚庄王平定若敖氏之乱。

公元前601年，楚庄王灭舒蓼，与吴、越两国结盟。同年，赵盾去世。

公元前600年，晋成公卒，晋景公即位。

公元前598年，夏徵舒弑君，楚庄王灭陈，将陈国故地设置为楚县，而后楚庄王恢复陈国之位，立陈成公为国君。同年，夏姬入楚。

公元前597年，晋、楚邲之战，楚军大胜，饮马黄河。

公元前595年，宋人杀楚国使臣申舟，楚庄王兵困宋都商丘长达九个月。

公元前594年，宋国求和，楚、宋两国结盟。晋景公灭潞子国。同年，秦、晋辅氏之战，晋军胜。

公元前592年，晋大夫郤克执政，与齐国结仇。

公元前591年，楚庄王卒，楚共王即位。

公元前589年，晋、齐鞌之战，晋大胜。同年，申公巫臣携夏姬前往晋国避难，并向晋景公献策"联吴制楚"。

公元前586年，郑、许两国在楚国争讼，郑国败。同年，郑国倒向晋国，晋、郑两国在垂棘结盟。

公元前585年，晋国自绛城迁都至新田，号新绛。

公元前584年，楚共王伐郑，晋国联合齐、宋、卫、鲁、曹、莒、邾、杞之师救援郑国，楚军败，诸侯会盟于马陵。同年，吴军伐楚，攻入州来，从吴国开始崛起于东南地区，与中原诸侯的往来日益密切。

公元前583年，晋下宫之难，赵武成为"赵氏孤儿"。

公元前581年，晋景公卒，晋厉公即位。

公元前579年，宋大夫华元推动第一次弭兵会盟，晋、楚和谈。

公元前578年，晋厉公率诸侯之师伐秦，即麻隧之战，晋军大胜。

公元前576年，晋厉公率诸侯与吴国在钟离会盟。

公元前575年，晋、楚鄢陵之战，晋军胜。

公元前574年，晋三郤之乱，晋厉公灭郤氏家族。同年，楚共王灭舒庸。

公元前573年，晋大夫栾书、荀偃弑杀晋厉公，拥立晋悼公为国君。

公元前571年，荀䓨于虎牢筑城，逼服郑国。

公元前570年，晋悼公组织鸡泽会盟。同年，陈国叛楚投晋。

公元前568年，楚共王伐陈，晋悼公率诸侯联军救援陈国。

公元前566年，楚共王兵困陈国，晋悼公会盟诸侯以救援陈国。陈哀公逃会，并投靠楚国。

公元前564年，荀䓨实行"三驾疲楚"战略。

公元前560年，楚共王卒，楚康王即位。

公元前559年，秦、晋迁延之战。

公元前558年，晋悼公卒，晋平公即位。

公元前557年，晋、楚湛阪之战，晋军大胜，攻至楚国方城之下。

公元前555年，晋、齐平阴之战，晋军大胜，火攻齐都临淄。

公元前550年，晋国栾盈之乱。

公元前548年，齐崔杼弑其君光。

公元前546年，宋左师向戌推动二次弭兵会盟。晋、楚和谈。

公元前545年，楚康王卒，楚郏敖即位。

公元前541年，公子围弑杀楚郏敖，自立为楚王，史称楚灵王。

公元前529年，楚国内乱，楚灵王自缢，楚平王即位。

公元前522年，楚平王杀伍奢、伍尚，伍子胥前往吴国流亡。

公元前520年，王子朝叛乱，晋军平乱，拥立周敬王登基。

公元前516年，王子朝奔楚。

公元前515年，吴王僚趁楚国国丧，出兵伐楚，公子光趁机弑君篡位，自立为吴王阖闾。

公元前512年，孙武率军伐楚。此后六年，吴军扰楚，攻楚潜、六等地。楚师出，吴即退兵，楚军疲于奔命。

公元前507年，楚国令尹子常囚禁蔡、唐两国国君，蔡国向晋国求援，以伐楚。

公元前506年，晋国与十八路诸侯国在召陵会盟，商议伐楚之事。荀寅欺压蔡昭侯，晋国拒绝蔡国伐楚之请。同年，吴国与蔡国、唐国伐楚。吴军与楚军战于柏举，吴军大胜，并攻破郢都，楚昭王出逃，楚大夫申包胥哭秦庭以求援。

公元前505年，秦师救楚。秦楚联军败吴、灭唐。夫概自立为王，吴王阖闾率兵平乱。楚昭王回归郢都。

公元前504年，吴太子终累率军连败楚国水陆两师，楚国被破迁都鄀。

公元前498年，齐景公与郑、鲁、卫结成反晋联盟。同年，孔子隳三都未竟全功，此后周游列国十四年。

公元前497年，晋赵鞅杀邯郸赵午，赵午之子据守邯郸叛乱。范氏、中行氏围攻赵鞅，晋国八年内乱开始。

公元前496年，吴、越战于槜李，吴王阖闾战死阵中，其子夫差即位，史称吴王夫差。

公元前494年，齐景公率反晋联军夺取棘蒲，晋赵鞅反攻朝歌。同年，吴、越战于夫椒，越军败，勾践降吴。

公元前493年，蔡国迁都至州来。

公元前490年，晋国八年内乱结束。同年，齐景公去世。

公元前489年，齐国田氏家主田乞弑君；楚昭王死于远征途中。同年，越王勾践返回故土。

公元前487年，吴国伐鲁，鲁国被迫订立城下之盟。

公元前486年，吴王夫差修筑邗城，开凿邗沟，沟通江淮，准备攻齐。

公元前485年，吴王夫差率鲁、邾、郯之师攻齐。齐国田氏家主田常弑杀齐悼公，扶立齐简公。同年，吴军水师自海上攻打齐国，吴军战败，退兵。

公元前484年，子贡游说五国。同年，吴王夫差率吴、鲁联军北伐齐国。双方战于艾陵，齐军大败，国、高二族遭受重创，田氏在齐国一家独大。同年，伍子胥被吴王夫差赐死。

公元前483年，吴王夫差二度北伐齐国。

公元前482年，晋、吴黄池会盟。同年，越王勾践趁机伐吴，杀吴太子友，攻破吴都姑苏，冬，吴、越和谈。

公元前481年，齐国田氏家主杀齐简公，扶立齐平公。同年，《春秋》绝笔。

公元前479年，吴国伐楚，白公胜拒之。同年，楚国白公胜之乱，且陈国伐楚。同年，孔子卒。

公元前478年，越王勾践伐吴，双方战于笠泽，吴军大败。同年，楚国灭陈。

公元前476年，越王勾践率军佯攻楚国，以迷惑吴国。同年，天子周敬王驾崩，春秋时代就此终结。

公元前475年，越王勾践兵困吴国。

公元前473年，越军攻破吴国都城，吴王夫差自尽，越王勾践灭吴。同年，越国称霸中原。

公元前468年，《左传》绝笔。

附錄

附录 1
赖国考证

赖国为姬姓诸侯国，国君为子爵。相传周文王之子姬颖被封在赖地（今河南省禹州市），后迁都于今河南息县，故又称赖叔颖。《左传·昭公四年》记载，公元前538年赖国亡于楚灵王。

先秦史料匮乏，赖国也极少出现于史料中，因此关于赖国的历史众说纷纭。

《左传》将其称呼为赖国，而《谷梁传》和《公羊传》将其称为厉国。出现这种现象的原因，有可能是"赖"字在古代的读音与"厉"字相通，根据古汉语同音通假的规则，常常与"厉"字混淆，这里的厉国，有可能是赖国。

笔者在《从这里走近春秋①乱世将至》中描述齐楚一战江淮时，曾经提到过厉国的位置有六种说法，笔者根据当时的战争局势，推断厉国应该在今河南省信阳市息县附近。

西晋史学家司马彪是最早持厉国位于息县这一观点之人。后世罗泌、马端临、顾栋高等人持同样观点。

公元前645年春，楚成王率军千里远征，征讨徐国。徐国都城位于今江苏省宿迁市泗县境内。

从楚国郢都前往徐国，息县是必经之地。当时齐桓公麾下的诸侯联军兵分两路，一路以鲁军为主，前往徐国战场救援，另一路驻扎于匡地。后来齐桓公率齐、宋等国诸侯联军，讨伐厉国，以切断楚国的后路，完成对楚成王的包抄。

公元前538年，楚灵王在楚国境内的申县会盟诸侯，诸侯联军兵分两路，一路讨伐朱方，另一路讨伐赖国（厉国）。从申县出发前往吴国朱方，河南的息县同样是必经之路。

楚灵王灭赖国前，郑简公与宋国世子曾先行回国。在申地会盟的参与者，郑、宋两国是距离赖国以及朱方最远的诸侯，或许因为行军路途太远，二人才会先行回国。

其他几种说法，无法与历史事件相印证，因此笔者倾向于，如果赖国便是厉国，并亡于公元前538年，则赖国应位于息县附近。

附录2
要离考证

司马迁在《史记·刺客列传》中，详细介绍了春秋战国时期有名的刺客，其中包括曹沫、专诸、豫让、聂政、荆轲，而要离并不在列。

关于要离的记载，主要出自《吴越春秋》一书。该书在描述吴越历史时，有很多演义的成分，书中明显夸大了公子庆忌的勇猛。

按照书中描述，公元前513年，公子庆忌被要离所杀。然而《左传》记载，鲁哀公二十年，即公元前475年，公子庆忌与伍子胥持有相同的政治立场，他多次劝谏吴王夫差，提醒对方不要相信小人，也不要放松对越国的警惕。吴王夫差不肯听从，公子庆忌离开吴国，前往楚国居住。

同年冬天十一月，越王勾践再次兵围吴国。公子庆忌回国请吴王夫差与越国和谈，可惜他最终被吴人所杀。

《左传》不仅记载了吴越争霸的前因后果，也记载了晋国的赵简子、赵襄子父子二人对越国伐吴的反应，可以与此相印证。

所以，基于以上几点，司马迁没有把要离写入《史记·刺客列传》中，便在情理之中。虽然《吴越春秋》中关于要离的记载，十有八九是假的，并不符合历史真相，但要离已经成为中华文化的一个符号，值得后人思考。史书中类似的记载，依然很多。

附录3
孙武考证

人类的历史，也是一部战争史。在中国历史上，涌现过无数的军事家，后人将孙武、吴起、白起和韩信称为"兵家四圣"，其中孙武是当仁不让的四圣之首。

孙武对吴国的崛起起到了至关重要的作用，然而关于孙武的记载，至今仍有争议。

很多后人质疑孙武的存在，包括历史名人梁启超先生。因为《左传》和《国语》中都没有关于孙武的记载。可是《左传》的成书年代，刚好与孙武生活的年代重合，按照时人记时事的原则，如果孙武真实存在，《左传》作为先秦时代最为严谨的史书，一定会记录在内。

正因如此，唐宋以来，无数学者争论不休。有人说，孙膑才是孙武，《孙子兵法》和《孙膑兵法》都是孙膑所著；也有人说，孙膑写了真正的《孙子兵法》，后人借着孙膑的名字，写出一篇伪作，起名叫作《孙膑兵法》。

著名学者钱穆在其《先秦诸子系年》中，便持有这种观点。他在书中引用了多方观点、引证以及推测，极具参考价值。

直到1972年，我国在银雀山汉墓中同时出土《孙子兵法》和《孙膑兵法》，经专家考证后，人们基本上认同了《史记》中关于孙武的记载，也默认了《孙子兵法》出自孙武。

可惜这个证据不够直接，无法服众，至今关于孙武的争论依然存在，众人各持己见，我们只能期待更多的考古发现，去寻找进一步的证据。

笔者认为，孙武应该真实存在，而且他和孙膑不是同一个人。

首先，孙武生活在公元前500年前后，而孙膑生活在公元前380~320年之间。二人生活的年代相距较远，活动范围也几乎不相关，这是个事实。

其次，孙武出现于《史记》《越绝书》和《吴越春秋》中，在没有新的证据出土前，不能主观地否认这三本书的记载。

实际上，《越绝书》和《吴越春秋》都有很明显的地方志特点。由于中国地大物博，地方志免不了有局限性，即每个地方都有当地人口口相传的名人，然而放眼全国，他们的影响力便会略显不足，甚至名不见经传。

《越绝书》和《吴越春秋》中有一个相同的记载，即伍子胥前后七次向吴王阖闾推荐孙武。这说明当时孙武的职位不高，吴王阖闾对他并不熟悉，这才导致伍子胥七次推荐他。

公元前512年，孙武第一次出现在史书中。那一年，吴王阖闾讨伐楚国，《左传》《越绝书》和《吴越春秋》对此都有记载。然而《左传》只记载了吴王阖闾与伍子胥的对话，并侧重于谋略。《吴越春秋》则记载了吴王阖闾与伍子胥和伯嚭二人的商议过程，从而引出孙武。

从《左传》记录的人物分析，或许孙武、伯嚭当时都是不知名的小人物，他们在伍子胥的光环下，不被中原诸侯熟知，因此《左传》才没有记录他们的姓名。

这种现象并非中国独有。《战争论》的作者克劳塞维茨在西方军事理论中的地位与孙武在中国军事理论中相似。然而克劳塞维茨只是拿破仑战争时代的一个参谋，如果他没有写出《战争论》，将会被淹没在历史长河中。

因此，如果孙武没有写出《孙子兵法》，后人极有可能不知道他的存在。

此外，《左传》中记载的另一个细节，也能证明孙武当时官位不高。

楚大夫申包胥哭秦庭借来援军，秦军统率子蒲和子虎三胜孙武所在的吴军，却没有青史留名，而击败拿破仑的威灵顿爵士，却凭借滑铁卢之战，名扬天下。

这也是因为孙武在当时的名声并不显赫，史官们并没有意识到，子蒲和子虎曾经战胜过"四大兵圣"之首的孙武。

随着历史的演变，孙武的地位越来越高，后人才将柏举之战的胜利，完全归功于孙武。

附录4
柏举之战的意义

纵观春秋历史，柏举之战是前所未有的大范围深远奇袭作战，在中国军事史上占有举足轻重的地位，并深刻地影响了此后春秋乃至战国的战争理念。

礼乐制度是春秋时代的核心价值观，同时，礼乐制度也是一个庞大而复杂的系统，军礼无疑是其中重要的组成部分，所谓"征伐自天子出"，便属于军礼的范畴。

由于先秦史料匮乏，学者们根据现存资料以及出土文献，尝试恢复春秋时代的军礼，总结出以下军礼制度：

一、两国交战，不斩来使；

二、开战前应约定时间、地点，不可以偷袭；

三、开战时必须击鼓；

四、战败方逃窜时，战胜方只能追五十步；

五、不能俘虏年纪太大或者太小的士兵；

六、伐丧不祥，即不能对处于国丧的诸侯发动战争。

如果有诸侯不遵守军礼，即使他们取得了战争胜利，也是不义之师，没有资格成为春秋霸主，同时，其他诸侯也有权力征伐该国。

春秋时期众多战争中都有军礼的影子。在泓水之战中，宋襄公秉承军礼，他没有半渡而击，直到楚军列阵妥当，才击鼓开战。尽管宋国饮恨泓水河畔，但宋襄公遵从礼乐制度，这让他成为众人心中的春秋五霸之一。而在邲之战中，晋军逃跑时，兵车陷入泥泞中，而楚军追兵不但没有攻击晋军，还帮助晋军脱困，这一细节也体现了楚军在楚庄王的治理下开始遵从礼乐制度。

正因如此，春秋史官们对楚庄王的评价，有别于其他楚王。楚武王、楚文王、楚成王祖孙三人为楚国崛起立下赫赫战功，却没能入选春秋五霸。唯有饮马黄河的楚庄王，成为后人公认的春秋霸主。

在柏举之战前，诸侯们因为军礼的束缚，对战争的理解很原始，作战理念也十分陈旧。而吴国崛起于东南，受军礼的影响较小。吴军为了获取战争胜利，常常不择手段。无论是半渡而击，还是抢掠补给，抑或是追击溃败的楚军，都展现了他们对胜利的渴望。

而孙武的出现，则将中国的战争观提升到了理论高度。孙武将战前准备、战术运用、作战部署、敌情侦查等众多事项，列为决定战争胜负的重要因素。

在孙武的影响下，吴国产生了颠覆时代的战略战术体系，他们依靠这种体系，对楚国进行了降维打击，最终以少胜多，取得辉煌的战果。

回顾柏举之战，自公元前512年起，吴国便开始利用小股部队高机动性的特征，快速穿插突袭楚国，这不仅令楚国疲于奔命，也让楚国产生了战略误判。

在柏举之战中，吴军采取深远奇袭的作战方针，他们联合唐、蔡两国，从楚国兵力薄弱的东北方向插入，以高机动性扰乱楚国的战略部署，蚕食楚军兵力。自始至终，楚军都没能成功集结全部兵力。

为了保证高机动性，吴军抛弃了粮草辎重，采取"因粮于敌"的补给策略。在以往的春秋战争中，诸侯们大多重视补给，所谓"兵马未动，粮草先行"。相比之下，吴军的补给策略，颠覆了当时人们的战争理念。

如果整理数据，我们会对吴军的高机动性有更清晰的认知。公元前506年冬天，吴王阖闾率三万精兵北上，抵达直线距离600多千米的蔡国都城上蔡，随后楚军从新蔡抵达汉水东岸，再从汉水东岸迂回至柏举，这段路程的直线距离超过200千米。同年十一月十九日，吴军在柏举击溃楚军主力，十天后，吴军抵达350千米以外的郢都。

在不到两个月的时间内，吴军行军里程超过1000千米，其中既有水路，也有陆路，而且皖南地区丘陵密布，河网密集，以春秋的军事技术，在这种地势中行军难度极大。更令人不可思议的是，柏举之战结束后的十天内，三万吴军平均每日行进35千米，同时又完成了对楚军残部的追击以及对沈尹戍援军的围歼。这是诸侯们难以想象的行军速度。

柏举之战不仅将春秋强权楚国打落神坛，也打破了晋、楚此前形成的均衡态势。此后，二次弭兵会盟带来的和平宣告终结，诸侯们开始了新一轮的混战。

此外，吴军在战争中表现出大范围深远奇袭能力，也颠覆了人们对战争的认知。诸侯们发现，恪守军礼将会付出惨痛代价。无数兵家意识到军队的机动性以及战术的重要性，孙武更是将机动性列为军队的必备条件，提出"兵贵神速"的军事思想。

这种战争理念的升级和时代的发展密不可分，却也导致战争的残酷程度与激烈程度呈几何级增长。

附录5
伍子胥掘墓鞭尸考证

关于伍子胥掘墓鞭尸的故事，流传最广的版本出自司马迁的《史记·伍子胥列传》，而《吴越春秋》的记载则充斥了演义成分。

后人在上述两本书的基础上，衍生出大致相同的故事。

但无论是《史记》还是《吴越春秋》，都存在致命的逻辑漏洞，令

"掘墓"的记载无法自圆其说。

因为楚平王死于公元前516年,而伍子胥掘墓鞭尸发生于公元前506年。那么,楚平王的尸体,是如何保持十年之久而不腐烂的?即使楚平王的尸体保存得很好,这长达十年的尸体,又如何经得住伍子胥充满怒火的三百鞭子呢?

从客观事实的角度分析,伍子胥掘墓鞭尸的记载,很可能是伪历史。

同时,柏举之战发生于孔子在世期间,孔子思想的核心是"礼"字,如果伍子胥身为人臣,掘开楚国国君之墓,孔子一定会将这件事记录在案,左丘明也会将之记录于《左传》中。

然而,《春秋》和《左传》对此事的记录是一片空白。

《史记》和《吴越春秋》的成书年代相近,这两本书的史料来源,有可能出自《吕氏春秋》或者《公羊传》。

从记载的事实分析,《吕氏春秋》的说法相对更可信。书中交代,伍子胥鞭打了楚平王坟墓三百下,而不是"掘墓鞭尸"。

附录6
齐景公逸事

齐景公年幼登基,在位五十八年,是齐国历史上在位时间最长的国君之一。后人对他的评价褒贬不一。齐景公在位时,任用晏婴为相国,迅速提高国力,使齐国具备了与晋国争雄的实力,但齐景公贪图享乐、声色犬马,在治国时崇尚酷刑重税,《论语》评价他为无德。

这样一位国君，却因为另外一件事而闻名史书。

《晏子春秋》记载："景公盖姣。有羽人视景公僭者。公谓左右曰：'问之，何视寡人之僭也？'羽人对曰：'言亦死，而不言亦死，窃姣公也。'公曰：'合色寡人也，杀之。'晏子不时而入，见曰：'盖闻君有所怒羽人。'公曰：'然，色寡人，故将杀之。'晏子对曰：'婴闻拒欲不道，恶爱不祥，虽使色君，于法不宜杀也。'公曰：'恶，然乎。若使沐浴，寡人将使抱背。'"

刘向在校定《晏子春秋》时，怀疑这个记载是后人托晏子之名写的伪作，刘向不敢随意删除，将这个记载列入《外篇》。

这个记载的大意是，齐景公容貌非常漂亮，有个担任羽人❶的小官面见齐景公时，见他惊为天人，于是羽人目不转睛地盯着齐景公。

按照礼乐制度，官员是不能一直盯着国君的，否则便是僭越之罪。齐景公见对方失礼，便派下人询问他："为什么一直无礼地盯着寡人？"

羽人听到国君问罪，回答说："我说出来也是死，不说出来也是死，不如实话实说。大王，我在心中爱慕您的容貌。"

齐景公一生声色犬马，第一次被男人非礼。他回答说："你竟然对寡人有非分之想，来人，将他杀了。"

正在此时，晏婴迈步入宫，他问齐景公："我听说大王被一个羽人惹怒了？"

齐景公回答说："是的，他竟然敢对寡人好色，所以寡人要杀了他。"

晏婴这样说："抗拒情欲不合天道，厌恶示爱不吉祥，虽然他想对大

---

❶ 官职名称。

王好色，但没有触犯法律，不能杀他。"

齐景公说："好讨厌啊，等我洗澡的时候，我让他替我搓背。"

这便是典故"抱背之欢"的由来。

齐景公想杀羽人，却一直没有动手，他在言语上否认，在行动上承认。晏婴前来以"拒欲不道，恶爱不祥"八个字劝说他，等同于用"食色性也，人之大欲"的道理让对方顺从本能。随后，齐景公虽然口中说"恶，然乎"，却让羽人为他搓背。

附录7
春秋中的"百里之地"的意义

古人认为天圆地方，所以他们在丈量土地时，以方形计算。

《礼记·王制》中记载："方一里者，为田九百亩；方十里者，为方一里者百，为田九万亩；方百里者，为方十里者百，为田九十亿亩；方千里者，为方百里者百，为田九万亿亩。"

因此百里之地，为九十亿亩。

但是，春秋时期"亩"的概念，远比后世百步见方的"亩"要小。

《周礼·地官·小司徒》中记载："六尺为步，步百为亩。"同时，《韩诗外传》记载："广一步，长百步为亩。"

《韩诗外传》是汉代韩婴所作的一部传记，也是一部记述中国古代史实、传闻的著作。书中的每一条，都以一句恰当的《诗经》引文作结论，以支持政事或论辩中的观点，与《诗经》关系密切。

笔者推测，"亩"的概念，起源于农田中一条条沟垄结构的长条土地，所谓一亩见方，本义为宽一步、长百步的面积。按照一步六尺约125厘米计算，最初一亩地仅156平方米。

在商周时期，一里约为406米，方圆一里的面积，约为165000平方米，除以一亩地156平方米，大概有1057亩。

因为周朝地广人稀，一个诸侯国的面积，并不是按照实际占地面积来计算，而是按照可耕种的占地面积。

假如一个诸侯国的领土位于沙漠中，仅有百里耕地面积，那么即使他占地再广，也只是百里诸侯。

这种情况下，人们在计算耕地面积时，再扣除田间不能耕种的地方，会让"方一里者，为田九百亩"的记载，变得非常合理。

此外，《礼记》中提到的万和亿的关系，也与后世不同。"一里""十里""百里"之间，为10的平方进制，书中提到的"方百里者，为田九十亿亩"，是"方一里者"的一万倍，以今天的单位计算，应该是"九百万亩"，以当时一亩为156平方米计算，约等于1400平方千米，不到浙江全省面积的1.5%。

学者推测，这些耕地面积仅能养活两三人口，因此吴王夫差并不担心越国会造反。直到后来，吴王夫差又赏赐了越国大量土地，才让越国拥有了伐吴的资本。

附录 8
琅琊东武海中山的传说

琅琊最早属于莒国，即今天山东省日照市莒县境内。

从地理位置上看，琅琊与当时偏隅在会稽山的越国距离很远，但是在文化上，琅琊又与越国有着密切的联系。

《吴越春秋·勾践归国外传》记载了范蠡帮助越王勾践修筑风水城的故事："越王曰：'寡人之计，未有决定，欲筑城立郭，分设里闾，欲委属于相国。'于是范蠡乃观天文拟法，于紫宫筑作小城，周千一百二十步，一圆三方。西北立龙飞翼之楼，以象天门。东南伏漏石窦，以象地户。陵门四达，以象八风。外郭筑城而缺西北，示服事吴也，不敢雍塞。内以取吴，故缺西北，而吴不知也。北向称臣，委命吴国，左右易处，不得其位，明臣属也。城既成，而怪山自生者，琅琊东武海中山也。一夕自来，故名怪山。""范蠡曰：'臣之筑城也，其应天矣。'"徐天祐注："昆仑即龟山也，在府东南二里。一名飞来，一名宝林一名怪山。《越绝》曰：'龟山，勾践所起游台也。'《寰宇记》：'龟山即琅琊东武山，一夕移于此。'"

这是越国与琅琊地区相关的最初记载。越王勾践灭吴以后，为了称霸，将国都从东南迁徙到琅琊，各种史料对此都有记载。

《吴越春秋·勾践伐吴外传》记载："越王既已诛忠臣，霸于关东，从琅邪起观台，周七里，以望东海。"书中同时写道："越王使人如木客山，取元常之丧，欲徙葬琅邪。三穿元常之墓，墓中生飘风，飞砂石以射人，人莫能入。勾践曰：'吾前君其不徙乎？'遂置而去。"

《竹书纪年》记载："（周）贞定王元年癸酉，于越徙都琅琊。"

《越绝书·外传记地传》记载："亲以上至句践凡八君，都琅琊，二百二十四岁。"

《后汉书·东夷列传》记载："越迁琅邪。"

《水经注·潍水》记载："琅邪，山名也。越王句践之故国也。句践并吴，欲霸中国，徙都琅邪。"

由此可见，越王勾践确实相信了范蠡的话，在称霸后，将国都迁往了琅琊。

笔者认为，飞来的仙山，有可能是海市蜃楼现象。当时越国的活动范围距离浙江的舟山岛很近，古人看到舟山岛的海市蜃楼现象后，误以为是飞来的仙山。越王勾践认为是天降祥瑞，才不惜耗费人力和物力，将越国国都从会稽山迁都到七百千米外的琅琊。

附录9
齐悼公之死

《春秋》仅仅用了五个字记载齐悼公之死："齐侯阳生卒"，其中"阳生"为齐悼公的名字。《春秋》用"卒"字记录，看上去齐悼公是正常去世。

然而，《左传》记载："齐人弑悼公。"虽然没有明确弑君者的姓名，但明确了齐悼公是被人弑杀的。

《史记》因为是纪传体的缘故，在不同篇章有不同的记载，同时也存在冲突。众多历史文章援引了《史记·齐太公世家》的记载："鲍子与悼公有郤，不善。四年，吴、鲁伐齐南方。鲍子弑悼公，赴于吴。"

鲍子即为鲍牧，《史记》认为，鲍牧因为与齐悼公不合，在吴国北伐齐国时，趁机弑杀了齐悼公。

除此之外，《晏子春秋》记载："田氏杀君荼，立阳生；杀阳生，立简公；杀简公而取齐国。"

尽管《晏子春秋》的名气不如前三本史书，但在齐悼公之死上，笔者倾向于《晏子春秋》的记载。

一是《晏子春秋》清晰描述了田氏代齐的路线，而且当时田常刚刚继承田氏，他有动机攫取更大的权力，鉴于在随后的历史进程中，田氏一族是齐悼公之死的最大受益者，不能排除田常指使鲍牧杀死齐悼公的可能。

二是《晏子春秋》是齐国后人记录春秋时期晏婴言行的书籍，晏婴本是齐国人，又担任齐国国相之位，因此《晏子春秋》对齐国历史研究极具参考价值。

结合当时发生的事件，齐悼公之死背后，充满了阴谋的味道。

田乞弑杀齐景公之子，扶立齐悼公即位，令对方成为傀儡。公元前485年，田乞去世，田常继任为田氏族长。同年，吴王夫差率兵伐齐。田常并不知道这一战过后，家族兴旺与否。

这种情况下，如果田常指使他人弑杀齐悼公，田氏家族不仅可以顺势攫取更大的权力，还可以借国丧之名，请求与吴国和谈。

所以齐悼公之死，并非《春秋》或《左传》记载的那么简单。

附录 10
笠泽之战的谜团

史书在记载笠泽之战时，出现了明显的分歧。

《国语》和《吴越春秋》记载，吴、越双方共交战三次，吴军三战三败，最终越军再次攻破吴国都城，并且包围了姑苏台，吴王夫差求和未果，最终伏剑自刎。

《史记》记载，吴军战败后，越军顺势包围吴国都城三年，而后又将吴王夫差围困于姑苏山。吴王夫差派使臣求和，越王勾践则准备将他安置于甬东，即今天浙江省宁波市舟山岛，并且越王勾践只给了吴王夫差百户人口作为食邑，吴王夫差不肯，最终伏剑自刎。

《左传》记载，公元前478年，越王伐吴，取得了笠泽之战的胜利。两年后，即公元前476年，越王勾践率军佯攻楚国，以迷惑吴国。

公元前475年十一月，越军再次兵困吴国都城。

次年，即公元前474年，越国战胜吴国，越王勾践意图称霸中原，第一次派使臣前往鲁国朝聘。

公元前473年，冬，十一月二十七日，越国灭吴。越王勾践将吴王夫差安置于甬东，吴王夫差拒绝说："孤老矣，焉能事君？"随后吴王夫差自缢而亡，越人则将他的尸体带回国。

因为《史记》的成书年代晚于《左传》，后人可以明显地看到《史记》借鉴《左传》的影子，而且《左传》中的其他史料可以与吴国被灭之事相印证，因此笔者倾向于《左传》的记载。

附录11
范蠡隐退与西施之死

传说中，范蠡隐退后，与西施泛舟五湖，成为一对神仙眷侣。这个说法来源于《越绝书》，书中记载："西施复归范蠡，同泛五湖而去。"

后人在此基础上，演绎出另一个桥段，即范蠡送西施前往吴国的途中，二人情投意合，可是范蠡为了家国情怀，忍痛将西施献给吴王夫差。

因为西施在历史上的人气很高，人们也期待一个才子佳人携手隐退的美好结局，所以范蠡与西施泛舟湖上的说法，随着时间的流逝逐渐深入人心。

可惜，现实似乎并没有那么美好。

《墨子》一书中提到："是故比干之殪，其抗也；孟贲之杀，其勇也；西施之沈，其美也；吴起之裂，其事也。"

"沈"字和"沉"字是通用。所以西施之沈，应该被翻译为西施沉江，即西施因为美貌而被沉江。

墨子生活的年代与西施相近，此外，《墨子》作为墨家的代表著作，对后世有一定的影响力，于是逐渐出现西施沉江一说，在此基础上，又衍生出数个版本。

西汉时期成书的《吴越春秋·佚文》记载："吴亡后，越浮西施于江，令随鸱夷以终。"大意为吴国灭亡后，越国人将西施沉江，令她随鸱夷而死。

"鸱夷"两个字，曾经出现在《史记》中，《史记·伍子胥列传》："（伍子胥）乃自刭死。吴王闻之大怒，乃取子胥尸盛以鸱夷革，浮之江中。吴人怜之，为立祠於江上，因命曰胥山。"

当时吴王夫差听信太宰伯嚭的谗言，他派人给伍子胥送了一把宝剑，让他自尽。伍子胥哀莫大于心死，留下遗言，命家人在他死后将他的眼睛挖出来，挂在城门上，他要亲眼看着越国军队灭掉吴国。吴王夫差听到遗言，震怒不已，命人用鸱夷裹着他的尸体，扔到了钱塘江中。

因为这个记载，后人常常用鸱夷来指代伍子胥。

一千多年后，唐代陆广微在《吴地记》中写道，有一座语儿亭。当年勾践让范蠡将西施送给夫差，西施在路上与范蠡有了夫妻之实，二人缠缠绵绵三年，才抵达吴国。并且，西施还为范蠡生下一子，二人前往这个亭子时，孩子已经一岁，可以说话。于是这个亭子又被叫作语儿亭。

这个记载来源于吴越地区的传说，很多人并不相信。

然而，公元2004年，在江苏省无锡市的鸿山镇附近，建筑工人意外发现了一处墓葬群，考古学家共发掘出七座墓葬，其中最大的墓葬规格非常高，墓中出土了两千多件陪葬品。专家推断，这座墓葬应该是春秋时期某位诸侯国君的墓葬。

和鸿山墓群一起重见天日的，还有三片竹简，上面刻有二十一个字："蠡与施潜通，三年始达吴，以语儿亭为质，施不得不勉。"

大意是范蠡与西施私通，三年后才抵达吴国，范蠡以儿子相要挟，逼迫西施侍奉吴王夫差。

这短短二十一个字，颠覆了两千多年来人们的认知。有了这个关键的出土文物，再结合前面的史料，笔者有一个大胆的推测。

最初西施并不愿意侍奉吴王夫差，而越王勾践的复仇计划，仅有范蠡和文种等少数心腹知道。一旦被吴王夫差得知，那么越国的复仇计划会功败垂成。以越王勾践的心性，他手中一定要有西施的把柄，才敢放心让西施前去吴国。

于是，众人想出一条毒计，越王勾践命范蠡送西施北上时，二人有了夫妻之实，并生下一子。范蠡以儿子为人质相要挟，如此一来，越国紧握西施的把柄，西施不得不前去侍奉吴王夫差。

越王勾践应该早已知道范蠡和西施之事，毕竟越国距离吴国很近，而范蠡作为越国重臣，他用了三年时间才将西施送到吴国。以越王勾践阴翳的心性，他却对此不闻不问，这一点值得人们深思。

一千三百多年后，陆广微在吴越地区将语儿亭的传说写入书中，又过了七百多年，随墓葬出土的竹简，为语儿亭的传说，提供了有利的证据。

可惜，史料缺失，笔者只能从故纸堆中寻找范蠡隐退和西施之死的真相。然而历史像一个万花筒，从不同的视角分析史料，会得到不一样的结论。

笔者愿借一家之言，以飨读者。